精益创新

实现
管理现在
与创造未来的
有效平衡

[美]维杰伊·戈文达拉扬 著
(Vijay Govindarajan)
余宁 周彧君 译

中信出版集团 | 北京

图书在版编目（CIP）数据

精益创新：实现管理现在与创造未来的有效平衡 /
(美) 维杰伊·戈文达拉扬著；余宁，周彧君译 . -- 北
京：中信出版社，2020.1

书名原文：The Three-Box Solution: A Strategy
for Leading Innovation

ISBN 978-7-5217-0999-5

Ⅰ.①精… Ⅱ.①维… ②余… ③周… Ⅲ.①企业管
理—创新管理—研究 Ⅳ.① F273.1

中国版本图书馆 CIP 数据核字（2019）第 227997 号

精益创新：实现管理现在与创造未来的有效平衡

著　　者：[美] 维杰伊 · 戈文达拉扬
译　　者：余宁　周彧君
出版发行：中信出版集团股份有限公司
（北京市朝阳区惠新东街甲 4 号富盛大厦 2 座　邮编　100029）
承 印 者：北京楠萍印刷有限公司

开　　本：787mm × 1092mm　1/16　　印　　张：16.75　　字　　数：186 千字
版　　次：2020 年 1 月第 1 版　　印　　次：2020 年 1 月第 1 次印刷
京权图字：01-2017-9006　　广告经营许可证：京朝工商广字第 8087 号
书　　号：ISBN 978-7-5217-0999-5
定　　价：69.00 元

致我的外祖父泰戈尔·塔塔，

他在我身上投入了无数的时间，教育我，为我的未来保驾护航。

由印度安娜马莱纳加尔薇璐工作室拍摄

本书获得的赞誉

戈文达拉扬是化繁为简的大师。不要低估“三个盒子”模型的能力，它普遍适用于各类型企业。一个企业的共同语言就可能决定成功或是失败。认真阅读这本书，并将其融会贯通，你将会获得成功。

——比尔·阿赫特梅耶　帕特农集团创始人，帕特农-安永高级常务董事

在我读过的戈文达拉扬的几本书中，这本书可以将一系列复杂的问题简化成一个非常清晰彻底的思考过程。它提供了一个良好的框架，帮助你思考企业的运作方式，以及是否需要采取必要的措施来确保未来的关联度。我强烈推荐这本书，这是本值得多次阅读的作品。

——塞缪尔·R. 艾伦　迪尔公司董事长兼首席执行官

很有趣的一本书！书中的例子从实践角度向企业展示了如何利用“三盒”的思维，在关注核心业务的同时通过“线性—非线性”创新打造未来。这个概念影响了我增加核心业务关注度和投资未来的想法和方法。

——马赫什·阿马里安　MAS控股公司联合创始人兼董事长

“三盒”解决方案是一种简单、精炼但却强大的解决未来问题的方式。虽然这本书列举的都是成功案例，但那些无惧挑战、为变革提供动力的行为，恰恰体现了领导者的雄心壮志。正如书中所述，充满激情的领导者不会等危机来了才想着创造未来，而是让创造未来变成他们日常管理训练的一部分。

——T. K. 巴拉吉　印度卢卡斯-TVS有限公司常务董事

“三盒”解决方案提供了一个实用且具有启发性的深层框架，帮助企业应对全球市场上的一个关键挑战：如何持续创新和增长。戈文达拉扬凭借其 30 多年的教学、写作和咨询经验，为企业设计了一套包含战略洞察力和可操作步骤的成功组合模型，旨在帮助大多数企业或组织打造更美好的未来。

——阿杰伊·邦加　万事达信用卡公司总裁兼首席执行官

因为内容紧密相关且简单易懂，“三盒”解决方案让人眼前一亮。在阅读这本书时，如果你正在向过去学习、立足于现在以及展望未来的想法中挣扎，就可以参考这本书提供的方法。这一模型的简单性像所有伟大的想法一样，会启发你的思考：“嘿，为什么我之前没想到呢？”我将这本书和其中的方法推荐给所有首席执行官和励志成为首席执行官的人。各大商学院会发现这种方法值得用于教学，首席战略官会发现它是最有用的。

——巴斯卡尔·巴特　印度Titan表业首席执行官

首席执行官和董事会正在为未来的发展下越来越大的功夫，但还未做到“边保持绩效边转型”。这本书的最后，作者给出了该如何系统且成功行动的具体方案。

——拉玛·拜贾珀卡　畅销书作者、管理咨询师兼董事会成员

“三盒”解决方案出色地应对了一家成功企业面临的挑战，持续推动当今卓越运营所必需的线性创新，同时培育为创造公司未来所需的非线性创新。在谈及如何摆脱过去的潜在陷阱时，这本书清楚地阐明了公司应该如何利用当下的优势，同时培养完成实现其未来愿景所需的能力。

戈文达拉扬30年的经验有效地帮助我们确定了公司努力寻找的领导行为、流程和指标，以满足平衡“三盒”解决方案的需求，并指出这种方法如何在快速发展的行业中创造持续前进所需的变革文化。

我作为正处于快速发展行业中的一家成功企业的领导者，在推动未来发展这一举措时，我会经常利用这一平衡原则。

——乔凡尼·卡弗利奥　百时美施贵宝公司首席执行官

这本书是任何一家有着成功历史的企业高管的重要读物。戈文达拉扬为如何在公司内创造环境和文化以促进创新，从而确保企业光明的未来指明了道路。

戈文达拉扬对我们的高级管理人员进行过培训，我们的团队也将他培训的内容付诸了实践。

——马克·卡斯珀　赛默飞世尔科技公司总裁兼首席执行官

在这本书中，戈文达拉扬提出了一个令人信服的框架，在推动创新的同时实现当前的目标，并且不受过去成功和失败的限制。凭借有力的全球案例，他为读者提供了一个明确的指导，以创造保持领先所需的可持续创新文化。

——伊恩·库克　高露洁公司总裁兼首席执行官

在50大管理思想家排行榜中，我们看重的是那些顶尖的管理思维。戈文达拉扬是50大管理思想家之一，也是我们排名最高的商业思想家之一。“三盒”解决方案证明了为什么重要的思想往往都易于呈现并且很实用。

——斯图尔特·克雷纳，戴斯·狄洛夫　50大管理思想家排行榜（Thinkers 50）创始人

这是一部多么惊艳的作品，其天才之处就在于简单。企业的各级领导都应该将“三盒”模型应用于指导成功的创新上。

——亚历山大·M. 卡特勒　伊顿公司董事长兼首席执行官

这是一本非常激励人心、令人鼓舞、有价值、有乐趣的书。

我花了十几年时间领导和改造企业，采用系统的、“以未来为基础”的方式推动当前绩效的提升，并有意识地利用过去的优势为未来提供服务。戈文达拉扬给出了许多真实案例，向读者展示其他公司如何使用这种方法，在简单但功能非常强大的“三盒”模型的语境中完成建设。我被其中的印度教思想震撼，这为该模型增添了巨大的力量和可信性。

这本书的结构也非常有价值，在几个重点章节以及丰富且高度相关的案例研究中，作者以务实和生动的方式展示关键点。章节末尾的要点也非常有价值，将整个工作重点放在现实生活的应用中，而不仅仅是一种理论性战略。

——斯图尔特·弗莱彻　保柏集团首席执行官

公司的核心使命就是充分地平衡今天的紧急事件和明天的挑战。然而我们都知道，完成这个目标说起来容易做起来难。“三盒”解决方案就提供了一个简单但功能强大的框架，指导领导者在当下迅速且周到地行事，同时保持对未来挑战的警惕。它提供了实用的工具，帮助公司做出必要而艰难的选择，以获得可持续的成果。

——罗德里戈·卡尔沃·加林多　克朗顿教育总裁兼首席执行官

领导者必须持续地关注三个盒子。戈文达拉扬提供了一个简单而强大的框架来实现“三盒”平衡。戈德瑞吉集团各级管理层都会发现他的想法非常有价值。

——阿迪·戈德瑞吉　戈德瑞吉工业董事长

当今商业环境前所未有的变化速度需要灵活、勇敢且具有突破性的思维，以确保重要而持久的成功。戈文达拉扬在长期指导孩之宝发展的过程中，提供了一个简单而深刻的“三盒”解决方案，激发我们的团队打造创新的文化，挑战过去的陷阱，创造我们的未来。在这本书中，戈文达拉扬简洁而大胆地提炼了适用于各行各业的重要见解，并为具体的实施提供了切实的选择。这本书对任何看重果敢领导力、适应能力和洞察力的管理者而言都值得一读。

——布莱恩·D. 戈德纳　孩之宝公司董事长、总裁兼首席执行官

如果你的公司需要停止现阶段的工作，并且以新的且有利可图的方式进行扩张，这本书就值得一读。

——马歇尔·戈德史密斯　《纽约时报》《华尔街日报》畅销书作者

戈文达拉扬几年前在克罗顿维尔担任我们的指导者时向通用电气推广了“三盒”解决方案。我们很快就接受了这个框架，因为我们看到了一条通往战略适配和战略创新的道路，简单、强大且目的性强。这本书有丰富的研究内容、故事案例和实操观点，对于那些在适应和优化当下的同时还要赢在未来的企业而言，在其建立新的“肌肉记忆”时，这本书将会是一份具有鼓舞性和实用性的指南。

——杰夫·R. 伊梅尔特　通用电气前董事长兼首席执行官

这不仅是一本值得阅读的书，还是任何要制定和推动长期战略的企业的指导手册。这本书的风格简单，可读性极高，书中有很多现实世界中有价值和有趣的企业案例。每一章的末尾都对本章节的关键要素进行批判性的分析，探讨权衡的问题并进行讨论。这本书对各级管理层和领导者而言都是优秀材料，迫使人们对如何制定和实施长期的商业战略进行思考，以实现可持续的成功。

——奥马尔·伊什拉克　美敦力公司董事长兼首席执行官

“三盒”框架非常强大。如果你在盒1很安逸，那么盒2就会进行得异常困难，于是我们大多数人就看不到盒3——那就太晚了。虽然维持现状似乎是最简单的解决方案，但戈文达拉扬使用案例——从运动到印度神话——将“三盒”

思维注入企业的精髓。这本书是进入非线性商业世界的初级读本。非线性商业世界充斥着不连续性和不断的变化，你随便一眨眼，世界就会超出你的掌控。这本书就是让你不断思考！思考！思考！然后再行动。

——瓦曼·卡马特　金砖国家新开发银行行长，印度工业信贷投资银行前董事长兼首席执行官

这本书非常简单且引人入胜，展示了一种独特和重要的成功，提供了一个推动领导者平衡当下成果交付和未来价值创造的框架。

——雷什马·科瓦拉曼尼　美国安进公司医疗部副总裁

汽车行业的变化比以往任何时候都更加迅猛。在伟世通，我们正在改变我们的业务，以在这个不断变化的环境中实现可持续发展。这本书中提出的框架非常有用，可以作为同时平衡当前绩效和构建未来的指南，也是任何面临业务转变挑战的首席执行官的案头书。

——萨钦·拉万德　伟世通公司总裁兼首席执行官

戈文达拉扬提出的“三盒”解决方案为马恒达集团提供了一个简洁优雅的框架，可以在现实需求与未来需求之间达成平衡。它是一个贯穿我们所有战略思想的结构。

——阿南德·D. 马欣德拉　马恒达集团董事长兼常务董事

戈文达拉扬有着过滤复杂性，帮助领导者关注最突出问题的罕见能力。其思想核心在于战略是建立制胜局面的必然选择。有太多的企业以扩大范围、掩盖基本选择、麻痹突破性思维的方式部署战略。在这本书中，戈文达拉扬提炼了企业必须做出的选择，确保在明确类别下取得长期成功，并有助于在各个层面上建立战略协调。戈文达拉扬的盒2明确了一个未受到重视的战略原则，即成功取决于你选择不去做什么。放弃过去才能让你向前迈进。选择“三盒”解决方案的企业将会优化资源配置，利用当下的成功因素，同时建立维持长期制胜局面的创新平台。

——约翰·麦克莱伦　百略达公司思维领导力常务董事

这本书提供了一个新的视角和可操作的框架，领导者可以使用它来创建卓越运营、持续改进和内部创新的文化。戈文达拉扬使用可靠、真实的案例说明了“三盒”模式在帮助领导者平衡短期商业需求与长期创新和增长目标方面的有效性。对想要采用简单、直观的方式来解开企业内的创新密码，并在业务中取得持续竞争优势的企业而言，本书值得一读。

——乔纳森·E. 迈克尔　扶轮领导学院董事长、总裁兼首席执行官

戈文达拉扬对平衡现在的需求与未来的需求提出了独到的见解。他强调了明智投资未来建设的重要性，同时又创造了一种实施变革的紧迫感。许多管理者都会关注他对当下消费者的需求十分看重的谨慎态度。对于像塔塔这样一个历史超过一个世纪的企业，他的“三盒”框架为我们提供了很多重要的经验。

——赛勒斯·米斯特里　塔塔集团前董事长

在当今世界，企业需要不断创新，并且要表现出高度的学习能力，以确保目标明确、行业领先。戈文达拉扬通过真实的案例和简单的框架，为领导者在为企业未来做准备的同时平衡当下的优先事项提供了指导。这本书是各级领导者的案头书。

——纳拉亚纳·穆尔蒂　印孚瑟斯技术有限公司联合创始人

“三盒”方法很实在，它不仅用于思考和平衡现有业务的需求，还可以制定未来的需求。以简单的方式解释，就是它提供给领导者一个可以用来反映商业动态并实现现在和未来目标的框架。在当今的商业环境中，领导者需要同时进行短跑和马拉松比赛。

——阿比德·纳里·Z. 内埃穆奇瓦拉　威普罗有限公司首席执行官

在这本书中，戈文达拉扬描述了一个高度实用的框架，帮助企业中的每个人平衡运营现有业务的竞争活动，同时想象和构建新业务。他还更进一步，在他的模型中增加了第三个，也是经常被忽视却至关重要的因素：通过放弃在变化的环境中不再相关的做法和态度以避开过去的陷阱。在百事可乐公司，我们就在实践戈文达拉扬所传授的知识。

——卢英德　百事可乐公司前董事长兼首席执行官

"三盒"解决方案提供了一个完整的战略方法，以确保卡特彼勒公司悠久的创新历史——开发、设计、制造我们客户想要并需要的机器和发动机——得以持续。

——道格·奥伯黑尔曼　卡特彼勒公司董事长兼首席执行官

戈文达拉扬在他的这本最新著作中定义了一个出色概述实践的框架。在哈曼，我们力求平衡创新（盒3）和执行（盒1），同时将我们的思维模式从汽车供应商转移到技术领导者（盒2）。线性创新提供了公司日常发展的动力，而指数性创新是推动公司盈利持续增长的喷气式发动机。这个框架已经嵌入我们的文化，使我们多年来能够一直拥有高于市场平均水平的增长。

——迪内希·C. 鲍利华　哈曼国际董事长、总裁兼首席执行官

"三盒"解决方案采用了一种简单明了的框架，可以通过提出激励性的问题和提供有效的工具来帮助你实现更具一致性的战略。

——迪帕·普拉哈拉德　创新与设计顾问，《设计的魔力》作者之一

创新的话题可能成为一些非常烦人的管理方法的牺牲品。戈文达拉扬通过引入和谐的概念，不仅在过去、现在和未来之间，而且在同样重要的创造、保存和破坏的力量之间，提供了创新的观点。不要将你的“三盒”解决方案的应用限制在商业领域，你还可以将之用在你的生活中。

——迪拉杰·拉贾兰　数据分析公司美优管理顾问集团创始人、董事长兼首席执行官

这本引人思考的书是当今快速变化和超竞争世界中领导者和管理者的案头书。它将指导企业如何有效地把握当下，同时系统地构建未来。

——卡洛斯·罗德里格斯-帕斯托尔　银特贝克（InterBank）董事长兼首席执行官

“没有答案的问题”总比“没有问题的答案”强得多。“三盒”解决方案既明确又简单。这本书对于个人提升和企业改造都是不错的读物。

——海曼舒·萨克斯纳　战略思维中心创始人兼首席执行官

戈文达拉扬通过简单地概述三个盒子的重要性和相互关系，帮助我们整个领导团队从不同的角度思考如何利用时间。正如他所说，在盒1中你获得的成功越多，在盒2和盒3中投入时间就越难。这三个盒子已经成为团队词典的一部分，我们正努力平衡我们的时间、注意力和焦点。

书中“4只猴子”的比喻特别有启发性。忘记过去（盒2）虽然不可或缺，却非常困难。

就个人而言，我使用戈文达拉扬的“三盒”概念来挑战自己和我的团队。我非常努力地让自己摆脱了盒1中“安宁的避难所”，并且直接进入了盒2中“困难和痛苦”的工作，以及盒3中看似日渐衰弱但实际上令人兴奋的可能性。我现在不断测量我的团队分别花在三个盒子上的时间，并尝试实时调整，以提高我们对未来的关注度。我的任何一个团队成员公开表示“在盒1中花费的时间太多”已经是一件很平常的事。

——托马斯·沃索普　美国《财富》500强美延保修集团总裁兼首席执行官

×

“三盒”解决方案提供了一个简单但功能强大的框架，可以同时优化持续的流程改进和突破性创新。这本书对管理层而言是一种激励，因为卓越的运营和创新对未来至关重要。

——张瑞敏　海尔集团创始人、董事长兼首席执行官

目 录

第一章

创新者的三个盒子 001

忘却过去的传统经验，做好当前的业务深化，探索未来的业务发展，使公司的精力与资源达到“把握当下”与“创造未来”的有效平衡。通过运用“三盒”模型，通用电气、孩之宝、百事可乐等全球知名企业均已成功实现自身业务的转型和升级。

“三盒“解决方案 004

引领创新的有效框架 007

孩之宝的转型 009

为什么很难平衡三个盒子 012

计划性机会主义与弱信号 021

低成本试错与迭代 026

未来即现在 028

最简法则 032

第二章

创造未来 039

创造公司未来的发展机会充满了风险，是一个艰苦的试验过程。与其他企业结盟是最佳的商业模式之一；在押下大赌注之前先投入较小的赌注；在风险中学习，通过测试关键假设解决不确定性；建立新的技能、结构和态度，培养非线性思考的习惯。

绿山咖啡的成功创新 045
创新的有效策略 046
长期主义 074

第三章
忘记过去 085

创造新事物之前，你需要有空杯心态，把施加给你思想枷锁的主流逻辑清除干净。避免自满的陷阱、竞争力的陷阱和品牌替换的陷阱；有选择地放弃传统的规划过程；为新业务建立专门的团队；放弃严格的问责制度，允许进行非线性创新的各种尝试。

精益创新的原则 089
误入歧途的 IBM 093
三个陷阱 094
挽救创新的工具 100
IBM 的新挑战 115

第四章
管理现在 123

现有业务充当着公司的“现金牛”，同时，还可以提供特殊的专业知识或市场渠道，用以支撑持续不断的创新实验。现有业务要想健康发展，必须建立清晰的战略；按照规则执行；打造高效率的系统和流程；同时，领导者的决策也至关重要。

＼ 危机 126
／ 挽救和挑战 130
＼ 调整运营 135
／ 展望未来 149

第五章

创新实践：以柳溪社区教会为例 157

三盒平衡是应对持续变革的有效工具，帮助企业培育变革准备文化。为非消费者的问题投入时间和创造力是违反常理的非线性战略；有时非线性跳跃可以通过其他线性实践的启发产生；当核心价值观和战略的成功执行受到威胁时，培训就显得至关重要。

＼ 改造教会 159
／ 平衡三个盒子 162
＼ 第一次创新：礼拜服务拓展 165
／ 第二次创新：柳溪协会 170
＼ 第三次创新：全球领导力峰会 179
／ 微小实践，持续变革 183

第六章

引领创新的 6 种管理方法 193

管理者需要打造平衡文化，以确保日常运作的平衡。正确实践这一规则就像是上午巡房的医生：它要求医生既能高度集中于一个病人的情况，同时又要有意识地及时将注意力转移到下一个病人身上。企业创新的土壤不同，管理者必须根据情况及时调整。

╲ 避开过去的陷阱 199
╱ 留心弱信号 203
╲ 在点滴中建设未来 208
╱ 试验和学习 213
╲ 实践计划性机会主义 222
╱ 投资“你能控制的那匹马” 227
╲ 根源、枷锁以及平衡文化 230

注　释 237
参考文献 245
致　谢 247

第一章

创新者的三个盒子

领导者都知道创新需要不同的技巧、指标、方法、思考方式和领导方法，他们知道开创一项新业务和优化现有业务对于管理层而言是两种完全不同的挑战。事实上，领导者面临的真正问题是如何同时完成这两项挑战。你该如何让你的组织在采取关键且具竞争力的行为与活动时，既能满足现有业务（仍有发展潜力）的业绩要求，又能彻底改造并开发出新业务？

长期以来，世界各地的高层管理者、顾问、学者、分析师和思想领袖都纠结于这个问题。他们中的一些人为了解答这个问题，提出了一个概念——“两手同利”（ambidexterity）：一种同时完成两种管理指令的组织能力。[1]

不过，目前管理者缺少的是一种既简单又实用的方法，在满足管理眼前工作和应对未来可能的竞争需求时，可以合理分配自己及公司每天的时间、精力和资源。管理者需要一个简单实用的工具——如果你愿意，也可以用新术语来表示——用以管理和衡量公司各个层面人员的技能和行为，准确地识别并缓解人们在同时进行创新和运营现有业务时产生的内在紧张感。

此外，每一个从事创新工作的人都知道，创新的挑战不仅仅是管理现有业务且兼顾未来创新的“两手同利”，还有一个更为棘手的问题，即放下之前那些让公司裹足不前的价值观和信念。

领导者现在需要的是“三盒”解决方案。

“三盒”解决方案

要实现重大的非线性改变，首先要认识到时间是一个连续体。未来并不遥远，所以你不能总把工作推到明天。相反，为了达成目标，你必须日复一日地积累。这就意味着，虽然某些观点、假设和做法是在以往的工作中形成或总结出来的，但可能会成为你现有业务和未来创新之间的障碍，所以你要有能力选择性地放弃它们。这就是我所说的“三盒”解决方案背后的基本思想（见图 1–1）。

所谓“三盒”解决方案，是指一个用于识别管理者在引领创新时所面临的三项竞争性挑战的简单框架。该框架对公司和团队成员有很强的引导作用，让他们在开创新业务和优化现有业务时能够采取关键且有竞争力的活动。在“三盒”解决方案中，企业必须遵循以下几个要点：

第一个盒子（以下简称盒 1）——以最高效率和利润率管理现有核心业务。

第二个盒子（以下简称盒 2）——跳出历史陷阱，识别并放弃在已改变的环境中不合时宜的业务、做法、想法和态度。

第三个盒子（以下简称盒 3）——迸发突破性想法，并将其运用至新产品和新业务中。

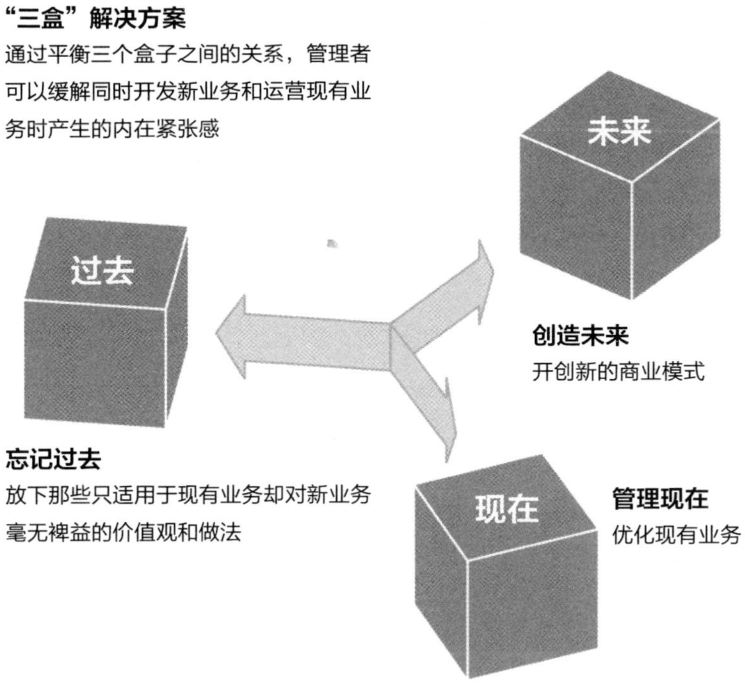

图 1–1　"三盒"解决方案的基本思想

要达成每个盒子中的所述内容，需要不同的技能、态度、做法和领导方式（见表 1–1）。

表 1-1 “三盒”解决方案的基本要求

<table>
<tr><th></th><th>战略</th><th>挑战</th><th>领导行为</th></tr>
<tr><td>盒1</td><td>以最高效率运营核心业务；在现有商业模式内利用线性创新拓展品牌、增加产品供应</td><td>持续关注近期客户需求；优化运营，提高效率，最小化合理成本；减少计划外变化；配套与战略对应的奖励、激励机制</td><td>设定最高绩效的挑战目标；分析数据、快速定位并解决异常问题和低效问题；创造一种以更明智、更快捷和更便宜的方式做事的企业文化</td></tr>
<tr><td colspan="4">所有层面的领导，尤其是首席执行官，必须定期关注每个盒子的情况</td></tr>
<tr><td>盒2</td><td>从现在开始点滴积累创造未来的能力；为新的非线性想法创造空间，并给予支持；放下过去的做法、习惯、活动和态度</td><td>历史总是会重演，所以要时刻准备做出艰难抉择，放弃盒 3 中某些不需要的价值观。但要记得在盒 1 中有些挑战仍然有用，也有需要</td><td>建立计划性机会主义[①]的正式制度（收集和分析反应弱的信号）；维护员工特立独行的想法；决不容忍故意拖延——在公司中最显而易见的是那些穿拖鞋上班的员工；预测在试验过程中可能产生的需求</td></tr>
<tr><td colspan="4">在保护好盒2和盒3的同时，你也必须持续关注盒1，不能掉以轻心</td></tr>
<tr><td>盒3</td><td>非线性未来是在试验的基础上建立的，该试验是为了测试设想，解决不确定性和对冲风险；学习新知识以优化想法，或者发现其中存在的问题</td><td>在最开始时总是很难准确判断要跟进哪个想法——你需要一个衡量相关价值和优势的方法；因为知道盒 3 的成功率很低，所以要扩大差异；在低迷时期不要削减盒 3 中的流程</td><td>衡量盒 3 的效果不是看收益增长情况，而是看试验中学习的质量和效果；由于很多非线性想法都是在刚起步的市场中出现的，所以对设想的测试非常重要，不仅是针对产品，还包括商业模式和发展中的市场</td></tr>
<tr><td colspan="4">在保持三个盒子平衡的基础上，业务可以随着时间动态地改变</td></tr>
</table>

① 计划性机会主义（planned opportunism）是指，未来虽然是不可预知的，但我们仍要有一个大致的预判。——编者注

通过平衡每个盒子中每天的活动和行为，你的公司将会随着时间的推移逐步开创未来，而不是以一种一蹴而就的方式，如洪水般猛烈地进行彻底的创新。简言之，你今天的所作所为将会成就你的未来。

引领创新的有效框架

历时 35 年，我与世界各地的企业合作，共同研究，最终提出了“三盒”解决方案，它是我在战略与创新方面进行思考与教学的基础。在向学生和公司高管讲解“三盒”框架时，每当看到大家对这个框架产生强烈的共鸣，我都无比满足。本书提及的通用电气、塔塔咨询服务公司、克里格咖啡（Keurig）、IBM（国际商业机器公司）、马恒达等各类企业的商业领袖都告诉我，他们很看重这个框架的简洁性。不仅如此，他们还认可这些简洁明了的想法能够有力地解决经营中复杂且顽固的问题。通用电气业务创新部门的负责人、首席执行官兼通用电气首席营销官贝思·康斯托克曾和我说：

> “三盒”框架让通用电气围绕“受保护群体”开发了一套新流程，以便他们在进行了严格的初步测试之后，能有更多的时间和空间证明自己想法的价值。这种“要么调整，要么坚持”的想法，让我们一直保持着创业公司的势头，带动了“独拉松”（Durathon）电池等产品的推出。这款电池从研发到推入市场耗费了 5 年时间。除了帮助我们设置和调整业务，“三盒”框架还让我们把创新看作一个

过程。这就是我们革新公司的方式，它让公司发展得更迅速、更简单，同时也更具创造力。

她的同事、通用电气公司克罗顿韦尔领导力发展中心的人力资源副总裁拉古·克里斯哈拉莫斯对此也做出了回应，强调了这些理念对于公司的持久影响。

> “三盒”框架让我们的业务团队有机会反思、辩论，并建立短期和长期的战略重心。部门内部也由此引发新的对话，探讨公司的精力与资源应该如何分配，以达成管理现在与创造未来的最佳平衡。随着领导者逐渐认识到定量改进与定量变化之间更强的相关性，该方法在整个公司得到了验证，并且在扩展视野、增强企业文化和更好地定位自身从而实现持续增长方面，也都产生了持久的影响。

笔者撰写本书的目的在于为读者提供视角和指导，帮助你和你的企业关注长远的计划，同时不违背公司当下的发展目标。我希望“三盒”解决方案能让你领导的创新工作变得更容易，用最简单的言语和工具，就像通用电气一样，把计划层层下发，在全公司范围内施行。

“三盒”解决方案会深入分析每个案例，详尽且连续地阐述构建未来的框架，避免在下一次危机来临时坐以待毙，或竞争对手意外地出现，气势汹汹地打你一个措手不及。本书是为所有层级的领导者打造的，无论你是小组长还是部门经理，是业务主管还是办公室主任，是负责核心业务日常执行的经理还是推动和激发创新的思想领袖，这本书都适合你。公司内部理解这三个盒子运作原理的人越多，公司在面对各类变化的时候就能预测得越准确、准备得越充分，在竞争对手还没反应过来的时候就采取行动。无论企业大小和盈利情况如何，“三盒”解决方案都有改变企业未来的潜力。

下面，我们一起来看一家受益于“三盒”解决方案的企业是如何扭转自己的未来的。

孩之宝的转型

20 世纪 90 年代中期，玩具巨头孩之宝（Hasbro）将自己定位为一家产品公司。它的主要产品包括玩具（其中有特种部队系列、变形金刚系列和小马宝莉系列）和游戏棋（包括《人生之旅》《大富翁》《糖果乐园》《梯子和滑道》)。孩之宝在所谓的家庭娱乐产业极富竞争力，该产业中包含的玩偶与游戏被称为能吸引“2 岁到 92 岁的小孩”。在 20 世纪 90 年代之前，消费者主要在零售店购买孩之宝的产品，在经过一番挑选后，几乎人人都会在回家时买一件玩具或游戏棋。

如今，孩之宝已不可同日而语，它将自己定位成主打品牌的公司。孩之宝与顾客之间的关系不再局限于实体产品或是实体店铺，而是多点开花与顾客建立联系。顾客可以从多种多样的平台了解到孩之宝品牌，并购买和使用孩之宝的产品，比如网络游戏和粉丝站点、电影和电视节目、数字游戏系统以及诸如迪士尼之类的合作伙伴出版发行的漫画书籍杂志。孩之宝致力于为顾客创造与其各类产品持续性接触和体验的机会。例如，孩之宝成功利用变形金刚系列拍摄影视剧、开发各类产品以及提供更好的客户体验（详见专栏：变形金刚变成一个生活方式品牌）。

变形金刚变成一个生活方式品牌

孩之宝旗下的变形金刚玩具和活动人偶恰如其名。这款极具创意且变化多端的产品自 1984 年初次面世后，其潜在的品牌价值已远远超出了玩具本身的价值。

- 好莱坞环球影城主题乐园游乐项目——变形金刚 3D（三维立体）过山车（身高至少要达到 1 米）。
- 以变形金刚为角色的影视节目。
- 印有变形金刚的服装（T 恤、夹克衫、卫衣等），涵盖婴儿款、幼儿款和成人款。
- 变形金刚的角色装备，包括头盔、面具、盔甲和武器。
- 印有变形金刚的背包及午餐袋。
- 由变形金刚漫画改编的游戏机游戏。
- 以变形金刚为主题的室内装饰，包括被子、被单、枕头和墙纸（换之前切记要先求得妈妈的同意）。
- 以变形金刚为主题的印刷品和漫画册（由 IDW 出版社编辑出版）。

图片来源：图片版权归 TRANSFORMERS® 和孩之宝所有。本次使用已获得许可。

孩之宝旗下的众多品牌都是采取这种不断渗透的营销手段，将自己打造成能全方位影响顾客生活的品牌。某一家人可能在某个下雨天或某个晚上在一起下游戏棋，第二天他们就可能穿着印有变形金刚图案的衣服去看变形金刚电影，逛变形金刚主题公园，体验变形金刚 3D 过山车，或为孩子的房间换上变形金刚主题的床上用品。盒 3 的战略就是在多个平台上创造和抓住品牌的价值。

对孩之宝而言，今昔对比非常强烈。就我过去几年对这家公司的观察来看，我都觉得十分震撼，因为他们的这种改变并不是一蹴而就的，而是将近 20 年的持续关注、试验以及学习（或其他方式）才有的成果。在孩之宝看来，创造未来不是激变事件，而是一个稳定变化的过程。

孩之宝公司变形金刚品牌的案例完美地诠释了本书的核心主题：公

司应该如何均衡地以最高效率和盈利能力运营他们现阶段的核心业务（盒 1），避开历史的暗涌（盒 2），同时开创非线性的未来（盒 3）。

为什么很难平衡三个盒子

在很长一段时间里，因为看到企业总是将重心置于眼前的业务而几乎不在未来计划上投入精力，我一度感觉很困扰。说实话，关乎现有业务的盒 1 确实极其重要。盒 1 可谓是绩效引擎，它不仅维持日常运营，也为未来积累财富。然而，当现有业务优先于其他战略重点时——所有的技术投入都为现有核心业务服务——就会产生问题。

这么做实在是有些目光短浅。随着盒 1 逐渐占据支配地位，盒 3 地位惨淡，而盒 2 更是几乎可以忽略不计，这样浪费简直是个悲剧。只有当企业完全理解且认真权衡每个盒子的收益与风险时，才能达到战略性匹配。“三盒”框架能够帮助你取得更好的整体绩效以及更具创新性的未来，并且同时为你打造一个强劲的企业，不仅能让你从一季又一季的竞争中生存下来，还能在一代又一代的比拼中脱颖而出。正如维瓦巴林（VIVA Bahrain）的首席战略官卡里姆·特巴赫所说：“我们曾经做的都是短期计划，且格局不高，所有的都是战术性的线性目标。而“三盒”框架让我们试着重新设计计划进程，除了着眼于盒 1 的优化运营措施，还积极思考在盒 2 和盒 3 中应采取的非线性措施。合理地对三个盒子的项目资源进行分配，保持三个盒子间健康平衡的状态，这一点非常重要。”

然而，大部分企业重点关注（有的甚至只关注）盒 1，这并不令人惊讶。盒 1 主要关注当前业务，是企业的舒适区，因为这个阶段的很多活动和想法都已经经过验证，理解起来很容易，也早已深深地贯彻于业务中。大多数公司的组织架构是基于过去的成功案例，经过了多次精简，也支撑现有核心业务的优先级。此外，它们还关注如何最大化现有核心业务产生的现金流量以及效益。

相比之下，为了避免历史陷阱的盒 2 任务就更加艰巨了。因为在这个过程中，盒 2 需要扭转管理层的决定，让公司放弃一些存在已久的产品线或摒弃一些根深蒂固的惯例和态度——面对任何与过去成功的主流商业模式不符的想法，都表示排斥与敌对。此外，盒 3 中有关创造未来的方法论都是充满不确定性与风险的头脑风暴与试验，其中的管理制度也都是完全不同的管理策略与绩效考量，而不是在相对稳定和可预测的情况下，以最高水准运营现有核心业务。

如此一比较，盒 1 可谓是安宁的避难所：

- 注重当下的好处是立竿见影的，并且易于预测和衡量。市场对企业持续施加压力，以使其最大限度地利用目前的机会，回避模糊的长期计划带来的干扰。
- 现阶段亟须学习的技能和专业知识都很明确并且资源丰富，相反，未来 10~15 年可能需要的知识却是未知的。每一次对未来的方向下注，都要极伤脑筋地进行猜测，而且很可能短期内不会知道结果。
- 现有业务的风险相对较低。通过已经过实践检验的方法，那些现阶段面临的市场波动、宏观经济力量、竞争对手动向、法规和政策变化等问题都更易理解和管理。

- 从长远来看，忽视未来的风险是不可估量的，但这些风险实在太遥远、太抽象，所以很难引起紧迫感。

但是，紧迫感正是我们需要的。将精力过多地投入盒 1 会导致企业结构的“肌肉”组织不够发达，当你在紧要关头需要这些“肌肉”时，它们会派不上用场。

唯一明智的做法就是均衡地锻炼所有肌肉组织。这三个盒子在管理上应该同步，并且给予必要的持续性关注。此外，还需达成一个平衡状态，从长远来看，这种平衡有助于企业避免自发性危机，并对不可避免的危机做出适时的回应。

一旦你开始注意每个盒子，你就会发现，它们是相互关联且不可或缺的。我很欣赏孩之宝首席执行官布莱恩·戈德纳的说法：“对我而言，这三个盒子就像是俄罗斯套娃。它们外形相似，且形状和尺寸受彼此制约，单独拿出任意一个没有任何意义。”

你还会发现另一件事，尽管它们是相互关联的，但是这三个盒子要求不同的技能、习惯和管理策略。因此，如前所述，随着它们在盒子之间不停切换，领导者更应该学会“一心二用”。因为企业很容易默认关注盒 1，所以要将注意力分散在各个盒子中必须有自律意识。戈德纳会记录他投入每个盒子的时间：“我每周都会仔细检查我的日历，以确保我当前分配了足够的注意力在盒 2 和盒 3 中。”

实现三个盒子之间平衡的目标需要理解每个盒子在其特定环境中对成功的定义。

- 你在盒 1 中应用的技能和经验可以帮助企业以最高的效率运营，并且在核心业务中开展线性创新。
- 而在盒 2 中所用的技能可以帮助你通过分析业务状况，及时放弃某些业务，并抛弃无法适应环境改变的做法、想法和态度来选择性地忘掉过去，否则会阻碍创造未来的步伐。
- 在盒 3 中使用的技能可以帮助你产生非线性想法，并通过试验将其转化为新产品和新商业模式。

所以，“三盒”解决方案就是告诉人们如何处理保存价值、破坏价值和创造价值三者间天然的紧张关系，这是印度的成长经历赋予我的一种非常熟悉的力量（详见专栏：三盒解决方案的印度教根源）。

“三盒”解决方案的印度教根源

在印度教的信仰中，三位主神分别是毗湿奴（Vishnu）、湿婆（Shiva）和梵天（Brahma）。毗湿奴是维护之神，湿婆是毁灭之神，梵天是创造之神。这三位印度教主神三足鼎立的情形，和经营一家企业持续蓬勃发展的工作相对应。和毗湿奴一样，企业必须维持其现有的核心；和湿婆一样，企业必须毁灭过去毫无价值的糟粕；此外，企业还必须像梵天一样开创一个强有力的未来，以此弥补由时间和环境所造成的破坏。

印度教神话创造者都为这三个主神匹配了与其象征性相关的妻子。毗湿奴的妻子是吉祥天女拉克希米（Lakshmi），她代表财富，就像盒 1 中产生的当前利润。湿婆的伴侣是雪山神女帕尔瓦蒂（Parvathi），她象征着力量，这也是在盒 2 中选择性放弃过去时的一个重要的必备因素。梵天则与辩才天女拉斯瓦蒂（Saraswathi）结合，她象征着创造和知识，同时也是盒 3 中创新的关键和未来利润的源泉。

根据印度教哲学，创造—维持—毁灭是一个没有起点和终点的连续循环。三位主神中的每一位在创造和维护各种形式的生命体时都起着同样重要的作用。此外，印度教还认为，即使宇宙的变化可能是相当剧烈的，但导致这些变化的过程通常是渐进的，涉及许多细小的步骤。维持一家企业的运转与这种理念相一致，都是一个动态的、有节奏的过程，永无止境。

我从未见过有哪家企业能像美优管理顾问集团（Mu Sigma）一样将“三盒”解决方案与自己的企业组织体制如此系统地结合在一起。美优是一家正在快速发展的决策科学与大数据分析公司，总部在芝加哥，其创新与发展中心在班加罗尔，由红杉资本和大西洋大众公司投资。受到其祖母讲述的印度神话故事的启发，美优创始人兼首席执行官迪拉杰·拉贾兰借鉴了印度教信仰中的三位主神的关系，构想了一种可持续协调的方法，将之融入维持、毁灭和创造的循环中。

美优也将其领导权划分为三个“氏族”——毗湿奴（维持）、湿婆（毁灭）、梵天（创造）。在公司网站上，领导团队的成员都被明确地指定“氏族”，分别属于毗湿奴、湿婆或梵天。这种指定并不是任意的，而是基于每一位领导者自然倾向的评价。这么做的预期效果是希望明确的角色分配能有助于三个盒子之间的和谐。

这三个“氏族”将参与一个包含了挑战与应战的动态的周期性过程。按拉贾兰的说法，“‘氏族’之间的每一次竞赛都能起到互相测试的作用，刺激对方想出最周密细致的计划和想法”。毗湿奴向湿婆的挑战是什么该保留，什么该忘记；而湿婆和梵天之间的较量则在于哪个新想法真正值得追求。“只有从各个角度对每一个计划中的行动进行探索和挑战后，才能产生最佳的解决方案。”拉贾兰说道。他还补充说，创建氏族式领导方式是使“三盒”概念在公司文化中根深蒂固的一种方式。正是三方的持续参与，帮助企业从变革中获益。

成功的圈套

在平衡这三个盒子的过程中，最大的挑战就是，你在盒 1 中取得的成功越大，在构思和实施盒 3 中的突破性策略时面临的障碍就越多。这个“成功的圈套”往往不是由于有意识的疏忽，而是由过去的成功所带来的压倒性影响造成的。

成功的圈套带来的致命的影响就是，它会给一家企业造成“我已经知道怎样做才能在未来取得成功”的错觉，但那并不是真的。放弃与时俱进地学习新事物的企业终将灭亡。

和大多数其他形式的大众娱乐商品一样，孩之宝也同样参与“点击率”的角逐，推出了许多新产品，并希望其中至少一种新产品能突破瓶颈或获得经营优势，从而大大补偿开发冷门产品的成本。多年来，孩之宝一直享有传奇般的成功，无论是薯头先生、特种部队还是变形金刚，都发展成了成长平台。但在 20 年前，孩之宝仍一直把自己定位成零售渠道玩具及游戏的供货商和制造商。

孩之宝的业务类型面临的风险是它可能一不小心就沾沾自喜，故步自封，也可能会注意不到环境的变化，这就会对以前安全的商业模式造成威胁。这就是为什么企业必须发展盒 2 的能力以克服过去的影响，及时放弃一种身份支援另一种身份。

也就是说，孩之宝要做的一件事就是进行一次突然而惊人的变革。孩之宝由哈森菲尔德三兄弟于 20 世纪 20 年代创建，最初是一个纺织品边角料加工企业，但很快开始制造文具盒以及其他文具。在公司原有的铅笔供应商涨价后，公司开始生产自己的铅笔。一直到 20 世纪 80 年代，孩之宝都是一家很成功的企业，产生的利润还投资其他产品和企业。公司紧紧抓住 20 世纪 40 年代的战后塑料革命的机遇，推出了最早的玩具（即医生和护士工具包，里面有听诊器、温度计和注射器）。1952 年，薯头先生首次亮相。

与孩之宝相比，变革程度小的企业在管理盒 2 时可能要面临更多的困难。盒 1 的工作是基于过去的成功建立起来的，它通常根据这种成功所需的操作要求完成架构。成功的果实是真实的，而维持成功的要求是不变的。按这种典型的 DNA（脱氧核糖核酸），企业创造了它们的体系、流程和文化。这些结构帮助企业形成了处理一切事情的方式：招聘方式、推广方式、投资方式、衡量业绩的方式、制定战略的方式，以及评估创意和机会的方式。线性思想（与过去一致）容易被采用，而非线性思想（与过去不一致，因此具有不确定性和威胁性）容易被拒绝。

有一个现实需要，即公司不想让盒 1 的团队在努力完成绩效目标时有任何分心——实际上，他们本身也不想分心干别的。蜜友健康（MeYou Health）的总经理特拉佩·马克勒告诉我，他的公司曾尝试用核心销售团队销售一款全新产品：

> 2014 年，我的盒 3 业务团队开发了一款强大的新产品。最初，我们把这项任务交给了公司的销售团队，但该团队没有把这款新产品确定为优先级，因为他们是针对不同价格点的不同客户群制订销售计划。这样一来，这款新产品销售额明显落后于目标。在学习

“三盒”思想之前，我认为问题出在培训环节。但在了解了“三盒”思想之后，我终于明白了真正的挑战：我的业务部门要求销售团队做出改变（盒 3），而公司的其他部门则要求他们做更多的工作（盒 1）。但我们不能指望他们同时满足两边的要求，所以我向首席执行官建议为我的业务部门建立一个独立的销售和营销团队。

这就是过去的成功可能产生的圈套。这些想法与过去那些早已在我们大脑中扎根的想法大相径庭。尽管我们可能常常说，未来与过去肯定会大不相同，但实际我们表现得好像完全一样。

如果孩之宝继续将自己视为一个玩具与游戏制造商，并且其客户关系也仅存在于零售系统，那么它就不会是今天这个成功的企业了。在过去的几十年里，孩之宝逐渐摆脱了过去的身份，把自己打造成一个全新的企业。这就是为什么盒 2 会成为盒 3 中一个重要的创新推动者的众多原因之一。在盒 2 中，其工作机制能明确地发现“成功的圈套”。在之后的章节中提到的联合租赁公司（第四章）的例子中，盒 2 中的习惯有时也能帮助重新构思盒 1 中绩效引擎执行核心业务的方式。

线性与非线性创新

在平衡三个盒子时，你将面临的另一个挑战是，盒 1 和盒 3 需要不同的创新形式。颠覆式创新要求在两个盒子中运用完全不同的管理方法，这就是为什么区分不同类型的创新是至关重要的。

创新有很多种分类方式：创新可以是持续的，也可以是分裂的；可以是渐进的，也可以是激进的；可以提升能力，也可以破坏能力；可以与产品相关，也可以与过程相关。但是，我把所有创新形式分成两种主要类型：

- **线性创新**改进了当前商业模式的绩效。因此，它属于盒 1 的工作范畴。例如，孩之宝开发了以星球大战为主题的两部经典游戏作品：《大富翁》和《薯头先生》。两者都是在基本不变的商业模式中的品牌延伸。这种创新建立在目前的核心业务上，利用的是盒 1 中的知识、系统和架构。因此线性创新简单、明确，对现阶段也不会造成威胁。
- **非线性创新**属于盒 3 的范畴，主要开展三项颠覆性的工作：（1）重新定义客户群；（2）重新创造企业价值；（3）借用新创造的价值重新设计端到端价值链体系结构，创造新的商业模式。正如你将看到的，孩之宝贯彻了这三个步骤，将其因地制宜地用于公司实际，为新设计的价值链中的新客户群提供新的价值。

计划性机会主义与弱信号

俗话说得好："机遇只青睐有准备的人。"相对应地，不幸也只折磨毫无准备的人。部分原因是企业将过多的精力投入盒 1 中，领导者总是忘记"未来即现在"的真理。未来是在一天天的工作中积累而成的，每次积累一点，从今天开始，而今天就是在昨天的基础上增加一点。IE商学院的总经理卡兰·古普塔告诉我，使用“三盒”框架会产生这样的影响：

> 虽然“三盒”思想很简单，但要将其完全付诸实践却极其困难。改掉日常行为习惯并着眼于未来是件知易行难的事。然而，应用“三盒”模型却能产生重大影响。不断提醒自己并且保证“每天照照镜子，问问自己今天在盒 3 中做了什么”，可以帮助各位管理者在日常活动中游刃有余，并有精力关注未来。我注意到各位管理者都有了显著的变化，他们提高了日常活动的效率，以至能腾出时间来实践盒 3 中的思想。

在盒 3 中的日常投资帮助你做好准备应对不可知的未来——无论未来是好是坏。如果不进行这些投资，未来可能会令人失望或充满危机。

为什么实践这门简单的课程会这么困难？因为你今天忽视了未来，但你在当天却看不到损失。

与盒 3 相对应的个人行为表现在：定期做运动以保证未来的健康。但频繁出差的公司高管常常会发现维持日常锻炼很困难。因为出差总让人筋疲力尽。由于一天不运动感觉并不需要付出什么代价，所以人们很轻易就会选择不去健身房锻炼。这种选择所需付出的代价需要日积月累才能体现出来，所以就导致未来健康状态的下降，具体表现为体重增长、压力得不到释放、体能和耐力下降，以及高危疾病的风险升高。

和那些未能持续地对自身健康进行投资的人一样，那些平常不关注自己未来的企业高管，最终可能会因为一场潜伏多年的危机而惊慌失措。同时，如果你每天积极地关注未来，你就能把握住机会，将未来塑造成自己的优势。企业必须通过所谓的计划性机会主义发展积极的创新文化。计划性机会主义表现为一系列领导行为和活动，能为你无法预知的未来做好准备。在实践中，这意味着培养各种前瞻能力，拥抱试验原则，创造灵活性，以便按你的方式去追求和塑造意想不到的机会。问题不在于预测未来，而在于为你无法掌控的环境做好准备。

计划性机会主义是“三盒”解决方案中最重要的概念之一。这是一种能弥补所有类型的不可预测性的方法，无论好与坏。在许多商业思想家的观察中，就隐藏着一个这方面的简单例子，但大多数企业都认为很难将这些观察付诸实践：在经济衰退期全面削减（包括战略活动）经费的企业，其复苏不如那些更有针对性地削减经费（甚至增加盒 3 中的关键投入）的企业。后者就属于计划性机会主义，它让企业有信心处理困难情况，而不是一味地恐惧或恐慌。

从制度上看，孩之宝这么多年来在实践计划性机会主义方面已经做得很好。我在表 1–2 中列出了 20 世纪 90 年代中期至 2015 年间关于孩之宝竞争环境非线性变化产生的战略不连续性。那么 20 年前的孩之宝就能预知到所有这些变化吗？其实不然。但它能够在决策方向上做出知情的假设。要达到这样的目的需要一种洞察力，未来主义者称之为“弱信号”。[2]

表 1-2　家庭娱乐产业 20 年间的战略转变（1995—2015）

技　术	家庭娱乐概念	零售渠道	人口因素	全球化
· 私人游戏系统或平台； · 机器人； · 互联网与无线技术的快速发展，使其逐渐演变为主流娱乐渠道； · 手持式数字设备和媒介（如照相机、智能手机、平板电脑等）； · 产品生命周期的缩短以及快速的技术升级迫使技术类游戏承受价格下跌带来的巨大压力	· 家庭成员之间在一起娱乐的时间渐少，娱乐的年龄分化也因此更加严重； · 夫妻双方都有收入的家庭与孩子一起娱乐的时间更少，但这样的家庭会花费更多的钱在儿童娱乐上； · 父母更喜欢有丰富内涵的玩具和游戏； · 许多孩子的时间都被安排得很满，少有闲暇时间，所以他们在娱乐时往往喜欢一个人玩快节奏的电子游戏	· 大卖场的出现带动了零售集中化，让顾客可以不用再去拥挤的小型商店和精品直销店； · 大型零售商推动了规模经济，对供应链一体化有着很高的要求； · 大型零售商还会出售自有品牌产品； · "老牌"竞争对手的破产引发了更深层次的零售集中化	· 随着年龄增长，新时代的儿童会更早对传统玩具失去兴趣； · 人口老龄化的趋势也让祖父母辈的消费者占据了很大的比重，他们常常"亲自"陪孙子孙女玩耍； · 成年人发现他们有机会在社交和工作环境中玩游戏（将游戏作为战略或仿真模拟工具）； · 逐渐增长的少数人群迅速占据主要地位	· 新兴市场具有增长潜力，在这一市场中，娱乐的概念是与众不同的，并且一次性收入很低； · 在新兴市场，新的产品设计方法、制造工艺、市场营销手段都需要克服文化、市场以及物流的障碍，因此，西方企业需要打造新的竞争力； · 成熟市场的发展潜力可以通过现有的竞争力来实现

弱信号包含技术、文化、市场、经济、消费者品位和行为以及人口统计学等方面的突然变化。顾名思义，用弱信号很难完成评估，因为这些信号不完整、不稳定，也不够清晰，但它们却是提出关于未来非线性变化假设的基础。孩之宝设计了一种获取弱信号的方法，并利用这些信号推断可能的未来趋势。

这个过程从以下三个基本问题着手：

- 你目前的成功取决于哪些特殊的因素和条件？
- 这些因素中哪些是可能会随着时间的推移而改变的？或者是已经改变，并且置当前的成功于危险之中？
- 如何开始预测这些可能的变化并为此做出准备，以此缓冲甚至利用这些变化造成的影响？

在明确了这些问题的答案后，孩之宝在一段时间内就能够做出明智的、非线性的决策，走向不可预测的未来。不管你从事什么行业，如果你能在处理时间和变化时主动出击，那么相比被动承受，你肯定能获益。这就是“三盒”解决方案的本质。

所以当孩之宝展望未来时，它能够预见到一些未来的不连续性。例如，一个家庭的父母双方都是全职，已经成为美国的一个普遍现象。但是对于家庭娱乐这个概念的含义却不太清楚。美国出生率的下降意味着孩之宝还面临着客户基数的缩水问题。孩之宝可能也看到了美国消费者日益增长的多样化需求。随着全球化进程的加快，孩之宝也可能对世界市场的发展潜力产生了兴趣。

同样，20 世纪 80 年代也有弱信号，比如那个时期的雅达利电子游戏和个人计算机的技术革命。这一弱信号能发出早期预警，提示影响游戏领域的技术的出现。然而 30 年前，技术类游戏的发展还存在着很大的不确定性：

- 互联网如何快速成为一条强有力的渠道？
- 企业该如何将物理领域和虚拟领域相结合为消费者服务？
- 谁将成为这个领域新的竞争者（艺电公司、任天堂 、美国在线还是索尼）？
- 谁又可能是潜在的新合作伙伴（漫威漫画还是皮克斯）？
- 个人计算机仍然会是家庭游戏的主要平台，还是被新的（移动电话）或旧的（电视）平台取代？
- 当游戏产业从“模拟时代的美元”向“数字时代的美分”转移时，新的经济模式会是什么？

低成本试错与迭代

在面对充满不确定性的领域时，解决类似孩之宝面临的问题的最好办法是进行低成本的试验，其目的是测试可能面临的关键未知因素，以便能构思可扩展的新商业模式。正如戈德纳所指出的：“你必须探索和学习才能透彻了解新兴市场。”（你将会在第三章看到，IBM 在发现商机的过程中，注重了解新技术市场，这些新技术就像行星在形成之前，还只是气体和灰尘组合成的星云时一样，有些甚至还没有完全形成。）在这种情况下，以弱信号提示为基础的推论所产生的试验必须以强大的避险策略作为支撑。

试验的目的完全是为了学习，但是如果你不能忘记过去，就不可能达到学习的目的。要在盒 3 的创新中获得成功，必须首先在盒 2 的破坏中有出色表现。盒 2 中的工作可归结为对永恒的价值观（存在的时间已久）与那些适时的价值观（容易随着时间的流逝而消逝）进行关键性的区别。思考一下树根和树枝的例子。如果你砍了一棵树的根，它就会死。因此，领导者需要知道，公司的根具有永恒的价值，需要加以保护。同样，每一家企业也都积累了很多“树枝”，即一系列曾经很合宜的想法和活动，但如今它们已失去了原本的作用。如果你没能找出这些“树枝”并将其清理干净，它们就会阻碍你走向未来的步伐。

公司需要测试关于新商业模式的新想法，看它们是否既符合永恒的价值观，又能体现其所提供机会的适时性。开发一套这样的判断流程，部分好处在于，它能帮助企业始终专注于自己的使命与愿景。

孩之宝从来不缺乏创意，但它在 20 世纪 70 年代的一次冒险却让它尝到了不合宜行为的教训。1970 年，多元化的大胆冒险在许多行业中成为一种风潮，孩之宝在“嬉闹屋”（Romper Room，因制作广受欢迎的儿童电视节目而出名）品牌下推出了自己的幼儿园品牌。这个想法是合宜的，因为当时美国政府正实施一个儿童保育计划。此外，孩之宝认为，幼儿园能够促进“嬉闹屋”系列玩具的成功。但是，当一家产品公司投入服务行业时，实际上就要冒着违背其永恒价值观以及离开自己熟悉领域的风险。这就是孩之宝当时的境况。“我们会接到电话说，‘我们收不到一个孩子’。全公司都将会倒闭。”艾伦·哈森菲尔德在《华尔街日报》发表于1984年12月13日的一篇文章中说道。他是孩之宝的创始成员之一。在实施了5年大胆却不明智的战略之后，孩之宝最终退出了幼儿园市场。

并不是每一个非线性的想法都适合你的公司。在对非线性思想进行试验时，一个合理的避险策略是评估试验发展到何种程度可能偏离现有的商业模式和超出内部技能承受的范围。1970年，孩之宝已基本奠定了它在玩具制造业的地位。在审视“嬉闹屋”幼儿园这个想法时，虽然可以通过该品牌的杠杆效应让幼儿园创造收益，但孩之宝最后总结认为，公司的内在技能和文化尚不能适应儿童早教商业模式的需求（可能低估了其中的难度），这种不熟悉的商业模式已使其远离了自己的价值观。

未来即现在

“对孩之宝这类公司而言，盒2的工作是最具挑战性的。”戈德纳如是说（详见专栏：20世纪90年代中期被孩之宝“忘记”的挑战）。

〉 20世纪90年代中期被孩之宝“忘记”的挑战

根据表1–2所列出的非线性变化，我们就可以推测孩之宝需要选择性地忘记以下核心假设以确保未来的成功：

- 我们是一家产品公司。
- 我们制作的模拟类游戏有很长的产品生命周期，走高端路线，能产生高额利润。
- 我们的分销依靠实体零售店。
- 我们的消费者主要是15岁及以下的小孩。
- 我们推出的棋类游戏可以增进玩家在真实环境中面对面的社交互动。
- 我们是一家美国企业。

……

忘记一个成功策略可能需要对组织结构做出改变。戈德纳说："从历史上看，孩之宝是非常单一的。因此，我们在21世纪初做的第一件事就是从单一的制造类品牌转型为一家全球领先品牌。这是属于盒2中的行为，我们必须忘记过去的做法。"（结构改造有时可能是启动非线性创新方案的必要前提。在第六章中，马恒达集团首席执行官阿南德·马欣德拉介绍了改造多元化公司的组织结构是如何引发新的市场潜力和更浓厚的创业文化的。）

围绕品牌平台的组织方式让孩之宝的管理者有责任和权力去追求无数的品牌机会。此外，计划性机会主义也让公司的发展策略能灵活多变，可以正面应对技术、人口、代际行为及企业确认的全球性机遇的各种变数。

2000 年，孩之宝在新兴市场的地位还很低。从那时起，孩之宝就开始大举投资新兴市场，目前，其收入的一半以上来自美国以外的市场，而这些收入中很大一部分来自新兴市场。孩之宝也加大了对数字游戏的投入。其全球品牌团队还在多个平台上充分利用变形金刚等核心品牌的效应，广泛涉猎玩具、电影、电视和互联网（包括社交媒体）等领域。在 2000 年，孩之宝的前八大品牌创收只占总收入的 17%；2015 年，这一比重已经高达 50% 以上。

从 2000 年底到 2015 年第一季度，尽管其间经历了网络泡沫和经济大萧条时期，但孩之宝的股价从每股 11 美元涨到 72 美元，年均复合增长率达到了 14%。与之形成鲜明对比的是，孩之宝的主要竞争对手美泰的股价在同一时期仅从每股 15 美元上涨至 25 美元，尽管美泰在销售收入上超过了孩之宝。2014 年，美泰的销售收入为 60.2 亿美元，而孩之宝为 43 亿美元，但两家公司在 2015 年 4 月时市值却十分接近。

孩之宝的优点之一是认识到非线性方案常常需要从头开始。2009 年，孩之宝更多地着眼于有线电视网络，并选择投入其中，与美国有线电视频道运营商探索传播公司（Discovery Communications）合作推出了中心网络电视频道（The Hub Network）。[3] 用户在 4 年内增长至大约 7 000 万户。即便如此，孩之宝还是于 2014 年决定撤出部分投资，让探索传播公司获得 60% 的控股权。此举旨在“激励探索传播公司更全面地支持该网络”，同时让孩之宝“通过在该频道播出的电视节目《小马宝莉》《小小宠物店》《变形金刚救援机器人》获得了可观的玩具销量”。

同时，孩之宝还与迪士尼签订了一份新协议，增强了自己的销售实力。迪士尼宣布将给予孩之宝迪士尼公主系列玩偶的全球生产权，该系列包括 11 个女性角色，比如灰姑娘、茉莉公主、花木兰、宝嘉康蒂。此外，孩之宝还获得了《冰雪奇缘》系列玩偶的全球生产权。这项协议结束了迪士尼与美泰近 20 年的合作，也为孩之宝开辟了新天地。因为在此之前，孩之宝的目标市场主要针对男性。这一战略举措充分利用了孩之宝的现有资源，同时也推动公司朝着新方向前进。

戈德纳主张在结构和过程的创新中应保持战略思维的敏锐，并且确保在实施盒 3 中的想法时能保持连续的关注："我们有一支名为'未来即现在'的团队，他们并不考虑当年的销售情况，而是只关注品牌的未来。"孩之宝同时还思考如何进行各个盒子间的交互，以达到互惠互利。戈德纳召开了"马天尼会议"，之所以这样命名是因为会议中的头脑风暴与马天尼酒杯的形状相似。"我们从边缘开始，尽我们所能思考新技术和新发明。这是真正的盒 3 的思考。然后我们缩小这些想法的范围，找出那些最有前景的想法，随着我们向根源的靠近，我们将看到这些技术可以如何应用于我们当前的产品线。"

新的商业结构常常会试图让盒子之间的模型、方法和纪律保持一致。无论是好是坏，企业都围绕其成功的核心业务进行优化。这样做是很有意义的，但企业也必须创造几块绿洲，以便将常规的焦点转移至盒 1 以外的地方。否则，缺乏现成的弱信号，你的未来将缺乏可发展的非线性思想。定期会议和可交付成果会让人们养成重视未来发展的习惯。

这里的关键点是：孩之宝已经学会关注三个盒子的价值，明白它们是相互关联的，并采取了正式的措施确保每个盒子都得到必要的关注。

最简法则

据说，奥利弗·温德尔·霍姆斯曾说过："我不会增添一些无用的东西使简单的变复杂，相反，我会使我的生活由复杂变简单。"这句话的意义经常引发争论，但我认为这和霍姆斯按照最终结果判断一个想法或一件工具的原则是一致的。没有看到最终结果前，他都对其不屑一顾，都保持怀疑的心态。我引用这句话就是想说明本书将向读者展示这个简单的框架如何通过帮助你解决颠覆式创新过程中的复杂问题，来证明它的最终效果。情况越复杂，工具越有用。

"三盒"解决方案看似简单，但仍有几个原则需要遵循：

- 未来的领导能力需要线性（盒 1）和非线性创新（盒 3）双管齐下。
- 盒 1 中的成功会成为抑制盒 3 中大胆采取行动的主要因素。所以你必须养成选择性忘记过去的习惯（盒 2），否则这些过去会阻碍你创造未来。
- 在盒 1 中优化当前的商业模式，并在盒 3 中打造新的商业模式。尽管它们对活动、技能、方法、指标、思维方式和领导方式有不同的要求，但必须同时进行。
- 管理这三个盒子的过程不是一个项目，而是一场旅行。企业如果采取分散式管理，很容易失败；相反，如果企业持续寻求三个盒子之间的平衡，就能获得成功。就像需要定期浇水和除草的花园，每个盒子都需要持续关注。

- 不要觉得未来离你很远，实际上，未来即现在，因为你正在一点一滴地构筑你的未来。

接下来的五章将列举各式各样的案例，其中包括一家咖啡烘焙和饮料制作公司、一个新教教会和一家大型设备租赁企业。每个组织都利用三个盒子获得了特别的成功，其中两家还在保持三者平衡上做得尤为出色。它们大多数都面临着“忘记”这一挑战带来的压力。没人会自认为做得很完美；事实上，努力维持三个盒子平衡的过程会让它们不自觉地变得谦逊。

我们将在接下来的三个章节中逐一了解这三个盒子，从未来（盒 3）到过去（盒 2），再到现在（盒 1）。“三盒”解决方案是一个概念，是为了在当下的领导力、过去的领导力和未来的领导力之间传达一种平衡，让三者能同时进行。在第五章和第六章我们会回到平衡三个盒子的主题。

在每一章的结尾都会有本章要点，即经过总结的、可以与公司其他人分享的本章核心内容。每一章的结尾还会有作为辅助的工具部分，包括讨论要点、调查问卷和活动，帮助你和你的团队应用这些想法，并开发你自己的“三盒”解决方案。

第二章我们从未来（盒 3）开始，因为未来关于创造，创造不仅先于一切，而且创造未来的任务实际上是实现平衡的关键所在。

本章要点

- **不要让那些在为盒1中核心业务的目标绩效努力工作的员工分心。**

  在盒 1 中无法实施盒 3 中的创新。但没关系。请记住，没有盒 1，盒 3 就不可能存在。另外，为达成盒 3 的目的而必须忘记的东西对于盒 1 来说同样至关重要。

- **盒2是“三盒”解决方案中不可或缺的要素。大多数组织在尝试创新商业模式时会忽略盒2。**

  虽然清楚老思想和惯例会扼杀它们尝试创造的新未来，但企业仍然很难克服过去的影响力。公司对盒 2 的关注越多，它们在盒 3 中实现其目标的空间就越大。如果盒 3 是全美橄榄球联盟（NFL）的四分卫，那么盒 2 就是进攻线卫，在四分位研判防守、完成动作，甚至改变战略时，为其提供时间和空间。若盒 2 中没有一套运行良好的机制，那么盒 3 中的进攻将会停滞不前，其结果可想而知。

- **在盒3中有一套行之有效的避险策略是很重要的。**

  在一个试验和学习的环境中，并不是每一次尝试都会成功，所以你需要形成一套规避风险的流程。这通常意味着通过迭代学习阶段测试假设，即随着时间的推移，解决不确定性，逐渐增强信心，或者揭示重新启动或放弃的必要性。孩之宝 20 世纪 70 年代冒险投资“嬉闹屋”幼儿园的事件本可以通过更好的测试和避险策略避免。

- **创建一套正式流程，既能为盒3的目标服务，又能增加在三个盒子间实现平衡的可能性。**

  可持续的盒 3 活动对组织结构和责任都提出了要求。孩之宝首席执行官布莱恩 · 戈德纳成立了“马天尼会议”和“未来即现在”团队，以此保证孩之宝在盒 3 中的想法能不断发展。马天尼会议的深层目的是确定三个盒子可能产生交集的情况，即通过盒子间相关性的研究在程序上加强盒子间的联系，最终推动平衡的实现。在个人时间管理层面，戈德纳每周都会注意自己对每个盒子的关注情况。

- **将“三盒”解决方案看成一个无休止的周期性循环。**

  你一直在保持现在、摧毁过去、构建未来的循环中。换句话说，你在盒 3 中开发的商业模式、产品和服务将同时出现在你新的盒 1 之中。

- **“三盒”解决方案要求领导者保持谦逊。**

  因为“三盒”解决方案本质上是一种通过不断学习采取行动的战略。学习本质上就是一项要求保持谦逊的活动，学习即承认无知。在“三盒”解决方案框架中，几乎每一个方面都是为了增加倾听和学习的机会。根据我的经验，最有效率的领导者往往也是好的倾听者，他们不傲慢，能够忽略等级和地位，只为找到最棒的想法。后续章节的案例将会说明这一点。

〉工　具

工具1：评估你的企业

实施“三盒”解决方案需要你从新视角观察商业运作方式，其出发点是为了了解现在的运作方式。例如：

- 你的企业在产生、改进、孵化并推出新的商业构想过程中的难易程度如何？
- 你的企业、业务部门或职能部门是否基于弱信号开发了识别危险趋势（可能会在未来几年内对你的企业产生影响）的可持续流程？
- 描述当前的规划流程。这套流程是否包含了与多数人想法不同的声音？这些想法不同的人是被赋权了还是受到了压制？
- 描述当前的资源分配方法。是否投资了高风险项目？
- 描述当前的绩效管理系统。是否支撑结果未知的试验？
- 描述当前的人才招聘方式。除了保证盒 1 中的人才储备之外，是否还招募了支撑未来业务的人才？
- 你目前的成功取决于哪些特殊的因素和条件？这些因素中哪些可能会随着时间的推移而改变，从而将当前的成功置于风险之中？是否有正式的流程来预测和准备这些可能的变化，以缓冲甚至利用它们的影响？

- 你的管理团队目前在三个盒子中分别花费了多少时间？
- 是什么阻碍了你的管理团队在盒 2 和盒 3 上花更多的时间？

工具2：识别弱信号

在诊断你当前的情况之后，开始围绕盒 3 进行思考。作为管理团队，需要识别那些在未来可能会改变行业的弱信号，特别要仔细考虑下列情况：

- **用户不连续性**。当前人数最多、增长最快或最有利可图的客户群在 10～15 年内会有多大变化？你未来的客户群会是谁？目前是否有小型或新兴客户群体以非常规方式使用甚至定制你的产品或服务？现在哪类人有可能会成为你的客户，他们优先考虑的是什么？
- **技术不连续性**。什么样的突破性技术能够开辟新的机会空间？
- 非传统竞争对手。目前最强大的竞争对手在 10～15 年内会有多大变化？将来的竞争对手会是谁？竞争基础是什么？
- **新的分销渠道**。将来的市场营销方式会有根本的变化吗？你的业务可能面临怎样的供应链经济？
- **监管变更**。潜在的监管改革会是什么样？这些变更可能开辟怎样的新机会？

第二章

创造未来

盒 3 中关于非线性未来的想法是从弱信号中一丝一缕洞察到的。在克里格酿造系统的案例中，相关的洞察是：越来越多的人不愿继续忍受办公室速溶咖啡那令人作呕的味道，而当时正值咖啡繁荣复兴之际。

在约翰·西尔万经历了一次顿悟时刻之后，他和科尔比学院的前室友彼得·德拉根构思了克里格咖啡制作工艺的创意。20 世纪 80 年代中期，在星巴克还未遍布大西洋和太平洋两岸前，西尔万正在波士顿地区的一家高新技术企业工作，因为是新人，所以全组人员的咖啡冲泡都由他负责。从中，他认识到一个根本问题：办公室咖啡和精致咖啡完全是两个概念。典型的办公室咖啡都是用一大包研磨程度一般的咖啡粉，在玻璃或金属咖啡壶中冲泡而成的，在暖和的工位上放置几分钟后，咖啡已经变味。一壶咖啡的头几杯还可勉强入口，但因为咖啡在冲泡好的 20 分钟后，新鲜度都会受影响，所以，最终就会陷入约翰·西尔万所遇到的尴尬，倒掉剩余的 1/3 甚至更多变了味的咖啡，然后重新煮一壶。

“用更好的方法解决办公室咖啡问题已势在必行。”这是西尔万对这个问题的想法。西尔万的敏感度异于常人，这种能力在寻找更好方案的盒 3 中非常重要。

培养特立独行的做事风格是“三盒”解决方案的一个重要方面。由特立独行驱动的变革始于对问题的理解。大多数人都止步于问题表面：很多人可能都发现了问题的存在，但只是摇摇头，然后继续走自己的路。然而大多数情况下，对弱信号更加敏感的特立独行者，往往会在大脑中反复地斟酌这个问题，直到他们在脑海中形成一个非常规的解决方案以及可利用的市场机会。

由于星巴克和皮爷咖啡与茶（Peet’s Coffee&Tea）等连锁店的出现，西尔万和其他喜爱喝咖啡的人已经习惯于喝味道更香浓的黑咖啡。它们按杯出售的方式，逐渐丰富了客户的口味。在此基础上，办公室咖啡多少与休息室咖啡有些相似：大家以“泔水”“油漆去除剂”“蓄电池酸液”这样“饱含深情”的昵称来形容其口感。从 20 世纪 50 年代开始，美国人就以一种很功利的眼光看待咖啡：它的主要作用就是提供咖啡因，至于味道则退居其次。

但有了星巴克之后，很多人对办公室咖啡的期望开始有了很大的变化，他们对口感和新鲜度的要求达到了前所未有的高度。事实上，人们对口感的要求越来越高也使得新鲜度更加重要。由于客流量大，星巴克为客户提供的每一杯咖啡都是现煮的。于是那些在上班途中停下来想在咖啡店买一份大杯深度烘焙咖啡的上班族，由于赶时间，不得不接受咖啡壶里不知何时煮的剩下的焦味咖啡。

因为西尔万干过太多倒掉焦味咖啡的事，所以他忍不住想：为什么不能让每一杯咖啡都保持新鲜呢？为什么没有类似于茶包一样的高档咖啡呢？这一诉求引导西尔万联系了德拉根，而后在1992年，他俩成立了克里格。

一年后，西尔万和德拉根迅速获得了咖啡机和定量包装的专利，并开始寻求他们的第一份风险投资，这时，迪克·斯威尼加入了他们。他比另两位联合创始人年长近10岁，有着丰富的制造和产品开发经验。

克里格领导团队接收到的弱信号不仅仅是精制咖啡店的出现，而且还包括星巴克和其他咖啡烘焙店的成功是如何拓展了咖啡消费的环境，在家、办公室、餐馆、飞机，或汽车4S店的客户休息室中，无处不在。无论人们在何处喝到这种美味的咖啡，他们都希望在其他任何地方也能获得类似的体验。

于是，克里格的创始人对现磨单杯咖啡的信心越来越强。斯威尼说："只有这个工艺才能保证你喝的每一杯咖啡都是现煮的，一次煮一杯，保证新鲜度。"

他们开发了咖啡机和定量包装的产品原型，也就是后来风靡一时的K-Cup咖啡机。唯一不足的就是他们并不真正了解咖啡烘焙和酿造工艺。一杯完美的咖啡就像打高尔夫球时一次完美的挥杆，其中蕴含着许多影响因素：咖啡豆和烘焙的质量，研磨的粗细程度，定量包装中的咖啡粉量，水的温度和纯度，以及研磨和过滤的速度。只要一个影响因素失控，这杯咖啡的味道就会受损。

克里格团队终于了解了他们过去不知道的事——一个对于正在规划自己未来的新兴企业而言巨大的认知优势。1995年底，克里格合伙人找到了总部位于佛蒙特州沃特伯里的绿山咖啡烘焙公司（GMCR），这家公司距离位于波士顿的克里格基地不过一个景区的驾驶距离，并且一直有着优质烘焙公司的良好声誉。斯威尼回忆说："我告诉他们，'我们需要咖啡知识的学习，还想要 100 万美元'。"

虽然首先收获的是关于咖啡的知识，但最终，克里格也获得了投资。绿山指导了克里格关于咖啡的进出口采购和烘焙过程，以及在一大杯咖啡中需要调整的变量。凯文·沙利文于 2003 年底入职克里格，并被任命为公司的首席技术官，他引用了绿山咖啡专家的一句话来描述这一挑战：

> 我每年去苏门答腊岛两次。我挑选了最好的咖啡豆，我烘焙着这个不足一英寸的生命。我细细研磨，直到研磨程度达到完美。这完美的咖啡粉将煮成一杯美味的咖啡！然后消费者舀了一勺、两勺、三勺，抑或是不知多少勺的咖啡粉，又加了不知多少开水，于是，我所有的工作都被毁了，因为消费者从来没有正确地把握咖啡粉和水的比例，他们从来没有做到过！

克里格向绿山咖啡和其他咖啡烘焙公司承诺，它可以解决人们制作一杯咖啡时产生的比例不准确的问题。制作工艺的创新能使每杯咖啡的比例尽可能地接近完美。咖啡机能以前所未有的速度，轻松便捷地制作咖啡。

绿山咖啡于 1996 年对克里格进行了首次投资。2006 年，通过分阶段增资，绿山拥有了克里格 100% 的股权。为了持续进行盒 3 的试验，绿山为克里格组建了一个专门的团队。2006—2014 年，绿山实现了年复合增长率 65% 的增长，年收入达到 47 亿美元。当时，克里格咖啡机约占美国咖啡机销量的 25%，并且公司已售出超过 4 500 万台克里格咖啡机，以及 300 多亿份 K-Cup 咖啡包或胶囊。到 2014 年，绿山更名为克里格绿山（Keurig Green Mountain），市值达 260 亿美元。

绿山咖啡的成功创新

在投资克里格之前，绿山咖啡已经在咖啡烘焙业和零售业中非常成功地运行了盒 1 中的绩效引擎。而此次，绿山咖啡联手克里格，为本书提供了一种关于盒 3 的成熟做法。不过，克里格合伙人第一次上门的时候，绿山咖啡的高管也很有可能会委婉地拒绝会面。因为当时并不清楚酿造技术的创新与咖啡烘焙业务有关，所以绿山咖啡的高管很自然地就会说："肯定不行的！我们是一家咖啡公司，又不是一家五金公司，我们不做咖啡机。"但是，值得一提的是，他们窥见了这个小酸奶容器般的咖啡机的未来。

从初期投资到收购克里格的 10 年，绿山咖啡和克里格两家公司之间产生了一种引力。绿山咖啡帮助克里格了解咖啡烘焙和制作条件一致的重要性。而一直对依附单一咖啡品牌保持警惕的克里格，则帮助绿山咖啡认同其商业模式的独特潜力，包括克里格致力于与许多顶级的咖啡机和咖啡品牌打交道。咖啡品牌中立（能提供多种咖啡样式）是满足消费者快速增长的口感需求并且让其保持忠诚度的唯一途径，也是解锁克里格商业模式全面价值的关键。

然而事情并没有捷径。与所有的非线性创新一样，这件事要面对许多困难和波折。例如，1993 年底，克里格的几位创始人在与一家潜在的风险投资者 Memorial Drive Trust 的会面中展示了一款早期的咖啡机原型。但这台咖啡机却在会议桌上漏水，最终没能冲泡成一杯像样的咖啡。虽然这家风险投资公司喜欢这个概念，最终也成了克里格的主要合资伙伴，但那一天，它拒绝给予投资。因为当时公司的一位高管说，“这些人还没有为属于他们的时代做好准备”。[1]

克里格的几位创始人始终坚持不懈，终于在咖啡机性能方面取得进展，他们迅速申请了专利，并与美国十大快餐连锁品牌之一的唐恩都乐（Dunkin' Donuts）——它有兴趣在只有一名员工的小型零售亭试用克里格咖啡机——建立了初步联系。凭借良好的发展势头，克里格重新唤起了 Memorial Drive Trust 的兴趣，并很快获得了其第一笔风险投资。

创新的有效策略

克里格通过使用新的商业模式，以新的方式为一个未得到满足的客户需求创造了新产品，可谓是进行了 360 度的创新。它包括 5 个核心规范：

- **每一次都是一杯完美的咖啡**。消除变量影响，包括冲泡完成后咖啡新鲜度被破坏需要的时间。

- **一次优质的咖啡制作体验**。每一次都是一杯完美的咖啡，这一目标的含义在于克里格将会提供优质产品，并以高价出售。通过提供安装咖啡机的服务，克里格将为 K-Cup 胶囊创造丰厚的利润，这就是“剃须刀 + 刀片”模式。[2]
- **各式咖啡可供选择**。为了迎合消费者越来越丰富的口味需求，克里格提供了各类烘焙方式和各种口味的咖啡。这意味着一台咖啡机需要集中多台咖啡机的功能——此处再次强调的是咖啡品牌中立的概念，即咖啡机中可用的咖啡品牌不能过于单一，也不能只提供某种口味的咖啡。
- **易用性突出**。设计一种将内在的复杂性隐藏在简单愉快的操作之后的咖啡机和单杯包装，而实现这一目标需要高超的专业水平。
- **外包资本密集型业务**。掌握关键性技术，如咖啡机设计、K-Cup 胶囊设计和包装线设计，但将资本密集型业务外包出去，比如咖啡机和 K-Cup 胶囊的生产，以及产品的分销等。这一安排想要成功，克里格就要为其生态系统合作伙伴设计合理的激励措施，确保这样的安排实现双赢。

你每天努力打拼的未来有时会是很脆弱的冒险行动，你着手的业务有许多方面必须经受不可预见的风险和威胁，这是意料之中的事。盒 3 中的风险充满不确定性，需要通过试验来加强。你应该把握风险，将其作为学习的机会，并将差异视为发现新方向和意外收获的窗口。

相比之下，盒 1 中的业务就相当稳定了，因为它是在一个熟悉的环境中运行，完全可以精确地衡量绩效，控制风险，并将差异视为出现问题的迹象。所以你必须用不同于盒 1 适用的标准来判断盒 3 的进展情况（详见表 2–1）。

表 2–1　把握当下与创造未来

目标	盒1 管理绩效	盒3 创造机遇
投入	关于线性变化的明确且客观的数据影响因素： • 当前客户 • 当前竞争对手 • 现有技术	关于非线性变化的弱信号影响因素： • 非消费者 • 非传统竞争对手 • 新兴技术
战略重点	线性变化有助于： • 创造收益 • 提高当前竞争力 • 降低风险 • 消除不确定性和偏差 • 减少差异 • 提高效率	非线性变化要求： • 测试假说 • 创造新竞争力 • 承担风险 • 试验、学习、适应 • 扩大差异 • 具备弹性

为了强调盒 1 和盒 3 之间的差异，并在人们需要从盒 1 思维模式转向盒 3 思维模式时准确地给予提醒，安信龙保险公司（Assurant Solutions）的首席执行官克雷格 · 勒马斯特斯解释了他们是如何在公司大楼入口处设置标志的：“我们启动了一个盒 3 计划，命名为“安信龙保险数字”，我们在启动该计划的大楼入口处设置了‘BOX THREE’（盒 3）的图标，强调专门负责盒 3 的团队必须采取与盒 1 不同的行动和行为，并且使用不同的绩效考核办法。”（详见图 2–1）

图 2–1 创造未来

资料来源：安信龙保险公司（使用已获许可）。

在盒 3 中，即使根据不完整的信息，你也必须要定期做出重要的决定，有时甚至是在不完全了解其影响和风险程度的情况下。克里格的经营环境正是如此，它必须不断适应新的信息和环境。（迪克·斯威尼后来开玩笑说："有时候我感觉我离哈佛大桥下的美泰克小屋只有一杯咖啡的距离。"）

是什么造就了克里格的成功？答案是：一个好主意仅仅是一个开始，强大的执行力也是不可或缺的因素。高效执行盒 3 中策略的必要性解释了为什么即使是最简单的框架也难以在现实世界中成功应用。克里格的领导人以其坚韧的毅力、别出心裁的独创性和有效的规则来执行战略的每一个方面。当然，最重要的是，他们也依赖一系列的通用原则，因为我曾看到这些原则被成功的创新者视作盒 3 的标志性工作而反复应用。

- 在押下大赌注之前，他们会先投下小赌注。
- 他们表现出了勇气和适应能力。
- 他们根据需求在盒 3 中开发了新的能力和流程。
- 他们测试了关键性假设。
- 他们发展了盒 3 文化。

在本章，为了平衡三个盒子，我们将更仔细地研究这些相互关联的因素该如何结合，以实现盒 3 中的突破。

先投入小赌注

“三盒”解决方案的一个基本要素是在押下更大的赌注之前先投下较小的赌注，并将其作为降低盒 3 风险的有效方式。

从一开始，克里格就看到了两个理想的市场的潜力：一个是商务或办公室（非家用）市场，一个是消费者（家用）市场。相比办公室市场，家庭市场无疑是巨大的，就好比大西洋与伊利湖之间的差距。然而，对于克里格来说，这不是一个只能兼顾一面的命题。克里格想同时涉足这两个市场，但它选择在不同的阶段专注于不同的市场。这样的战略帮助克里格充分利用从办公室市场获得的反馈信息（1998 年），帮助其最终打入家庭市场（2004 年）。

打造品牌，建立分销渠道

同时打入这两个市场，会让公司的资源不堪重负。更糟糕的是，它会让克里格错失在办公室市场建立品牌知名度、声誉和客户忠诚度的机会。但如果首先关注办公室市场，则可以让公司有数年时间收集宝贵的反馈信息，了解办公室客户对克里格酿造系统的好恶。几乎所有的反馈都能很好地为开拓家庭市场所用。多年来，征求客户反馈意见并采取相应措施已成为克里格的惯例，就像咖啡因一样令其上瘾。

完善酿造技术

小赌注的另一个好处是，在公司成功打入家庭市场之前，棘手的技术问题可以先得到解决。首先，公司需要跨越一道巨大的性价比鸿沟。克里格的办公室咖啡机非常昂贵——每台售价高达 1 000 美元，而克里格要为家庭市场生产优质且价格合理的咖啡机，就不仅需要工艺方面的突破，还需要提高制造效率。分步式营销策略让克里格有足够的时间将其办公室产品改造为小巧的厨房家电，不仅能提供美味的咖啡，还能以家庭用户愿意支付的价格出售。

这其中有很多工作需要完成，仅仅让办公室咖啡机的早期版本表现出足够的可靠性就够有挑战性了。根据斯威尼的描述，在概念验证过程中，克里格向波士顿地区的25家企业做了咖啡机试验。这些企业被邀请试用产品并提供反馈。这就像百老汇外埠演出的开场秀，是一次打破僵局的机会。

问题必然存在。咖啡机经常出故障，不得不修理或更换零件，克里格也不得不预备足够多的零件。虽然如此，斯威尼说："我们并没有收到客户的抱怨，说，'把这个老是出问题的东西扔出去！'相反，客户的反馈是，'我们超爱这东西，太有用了！'所以结果显示其确实值得追加投资。这是一个低成本的试验，但验证了我们的假设，即我们正在正确的轨道上前进。"是的，低成本学习正是小赌注的目的所在。

验证酿造系统的经济性

学习曲线的另一个方面是办公室市场能否在经济方面包容昂贵的咖啡工艺。如果克里格可以成功地在办公室完成高端产品定位，这对家庭市场而言将是个好兆头。

除了克里格办公室咖啡机的成本较高之外，K-Cup胶囊的售价约为每个0.5美元，是传统咖啡机生产一杯咖啡成本的5倍。许多办公室为员工免费提供咖啡，以此作为一项福利，所以克里格的销售人员从办公室经理那里获得了一些早期的正向指标。许多办公室经理十分钟爱克里格咖啡酿造系统，部分原因是克里格咖啡机很方便，不会弄得很脏乱，还会在一定程度上提高员工的效率，即不需要专门指派低级职员，像约翰·西尔万一样时不时地去煮一壶咖啡。办公室经理也喜欢克里格其他的产品。一名公司高管这样描述克里格咖啡酿造系统推出时一些办公室经理的喜悦心情：

“通常情况下，办公室经理很难做到让所有人开心，抱怨声总是不断，‘复印机坏了’‘回形针没有了’‘电脑网速变慢了’……但克里格咖啡机却让办公室经理有了当‘英雄’的机会。”[3] 所以，尽管 K-Cup 胶囊有点贵，但员工都很开心。关于咖啡的抱怨一夜之间都消失了。

这套酿造系统对咖啡供应商而言也有一个明显的好处，他们从传统酿造工艺中，每杯只能赚取 0.02 美元，但是从克里格酿造系统中，却可以获得每杯 0.1 美元的收益。这一点也促使这些供应商成为克里格品牌的热心推荐人，将其推荐给还未尝试过的客户。

开发K-Cup胶囊制造技术

仅专注于办公室市场也让克里格有时间解决制造 K-Cup 胶囊所需的自动化包装机的设计和装配问题。在办公室咖啡机试验期间，斯威尼还记得，当初他将设计以外的其他员工集结在一间小屋子中，疯狂地手工封装 K-Cup 胶囊，以确保能提供足够多的胶囊维持试验的进行——很显然，这不可能成为永久性的解决方案。

当该系统于 1998 年推出时，克里格已经获得了共 15 000 台咖啡机的订单。公司估计，为了满足每台咖啡机每天 40 个 K-Cup 胶囊的潜在需求，它每天必须封装和分配 60 万份 K-Cup 胶囊。因此，在接下来的一段时间内，公司员工每天都要奋战在那些包装线上。克里格公司已经与包括绿山咖啡在内的几家咖啡烘焙公司签约，由它们提供装在 K-Cup 胶囊中的各式咖啡。因为包装生产线需要和这些咖啡烘焙公司的设施连在一起，所以包装机器的及时交付对保证 15 000 台咖啡机届时有胶囊可用是至关重要的。

但是，与克里格合作的包装线制造供应商却拒绝交付第一批设备（预期交付给绿山咖啡的设备），除非克里格愿意为之前修改零件规格而造成的时间损失和额外工作量再支付一笔资金（远超供应商之前的报价）。克里格当时的首席执行官尼克·拉扎里斯被这一要求打了个措手不及。供应商仿佛把持着“人质”——包装线以及克里格必须提供给客户的产品，利用“人质”迫使克里格出更多的钱。任何的延误都会破坏克里格与客户及合作伙伴新建立起来的关系。拉扎里斯明白，除了同供应商协调一个快速的解决方案，他别无选择。尽管当时克里格的主要投资商非常愤怒，甚至想寻求律师的帮助，但拉扎里斯坚持认为，这个时候坚持原则会浪费太多时间，甚至结果如何还未可知，而且当时早已过了与绿山咖啡协商好的交付日期。最终，克里格团队咬牙答应了对方的要求。但此后，拉扎里斯让斯威尼寻找新的包装线供应商。

随着其办公产品线的顺利推出，到 2002 年，克里格的营业收入达到了 2 200 万美元。自 2000 年起，克里格开始盈利，并且成为办公室市场中单杯咖啡服务商的佼佼者。这样的开端无疑非常好，但这只是公司目标的一小部分。简而言之，这就是为之后在消费者市场中押下大赌注探路所投下的小赌注。

在一封写给公司股东的信中，绿山咖啡的首席执行官鲍勃·斯蒂勒汇报了公司给克里格的投资进展情况。他在信中轻描淡写道：“我相信克里格及其咖啡烘焙合作伙伴将会成功打入家庭市场，因此，绿山咖啡给克里格的投资将会在未来 3~5 年升值。”[4]

表现出适应性领导力

考虑到当时最紧急的情况，拉扎里斯与包装线供应商达成妥协的决定，就是果敢领导力与情境感知适应能力的良好例证。

强大的领导力往往可以归结为：把握当前情境中最重要的内容，并将业务重点放在上面。当时，对于克里格而言，没有什么比获得包装设备更重要的事了，因为它必须为新客户提供 K-Cup 胶囊。包装设备延期可能就意味着整个企业的失败。在其他情况下，比如盒 1 中的一项业务，此时强制执行具有约束力的合同条款就比安抚一个罢工的供应商更重要。但很明显，在紧急情况下，盒 3 对于风险承担有着更强的包容性。

从一个更广的层面上说，克里格有一支异常果敢的领导团队。2002 年加入克里格的约翰·郝瑞斯基主要致力于消费者业务，他这样形容克里格充满弹性甚至有点争强好胜的企业文化："我们的许多成功实际上是因为我们从一开始就没打算失败——我们要取得成功，并且用尽所有方法取得成功。"以下是一些果敢、适应性领导力可以取得成功的例证。

建立生态系统

与包装线供应商这一段充满争议的经历给了克里格一个关于掌控自身命运的有用的教训。斯威尼将该经历同时进行了短期实践（通过寻找新的包装线供应商）和长期实践（通过与亚洲许多代工企业建立关系，为家庭市场寻找经济适用的咖啡机制造商）。在进入家庭市场后，克里格咖啡机和单杯胶囊的产量从 2008 年的 80 万台和 6 亿只分别增长到 2012 年的

800 万台和 60 亿只。“我们以指数级速度增长，”斯威尼说，“如果没有代工企业网络，我们就无法快速扩展我们的业务。”因此，成功地创造未来不仅需要展望克里格能有效竞争的当前生态系统，还要设想规模不断扩大的生态系统。

对克里格而言，这个插曲也使它深刻认识到，与所有合作伙伴建立和维持健康稳定的激励关系尤为重要，不断强调各方最终都将从持久合作中获利这一思想非常有意义。从 2010 年开始，斯威尼开始为克里格的制造商合作伙伴举办年度峰会。起先，与会者看到房间里的众多竞争对手都很紧张，特别是议程转向敏感的定价问题时。但他们最终克服了这种紧张。“我认为，我们举办这个年会的目的在于，‘看，在外面，你们是竞争对手，但在克里格，你们是一家人，你们应该互相认识，因为我们可能需要彼此’。这一做法非常有效。”

验证高端产品定位

由于克里格计划从小众的办公室咖啡服务市场转向消费者大众市场，所以其面临的问题是：这是否会损害其高端品牌的定位，以及损害的程度有多大。几乎所有小众市场和大众市场之间的业务转移都要回答这个问题。当年，丰田反其道而行，从大众市场转至高端小众市场时，选择创建了雷克萨斯品牌，从而摆脱了公司低端品牌形象的包袱。

然而，在克里格的案例中，其办公室市场经验的“包袱”与其说是负债，不如说是资产。早在其家用产品推出之前，克里格咖啡的办公室消费者就经常会询问家用产品开发的进展情况。不扰乱高端客户的体验这一点很重要，但克里格的重量级竞争对手有时会复杂化这个问题。雀巢公司于 1986 年在欧洲推出了一种单一功能意式咖啡机 Nespresso，并在 5 年后将其家用产品推向美国市场。[5]Nespresso 咖啡机用雀巢公司生产的胶囊酿造浓缩咖啡。然而，浓缩咖啡远不如美国人平时喝的咖啡受欢迎，他们更喜欢边喝大杯咖啡边敲 Java 代码。[6] 在众多美国公司中，宝洁推出了由百得公司（主要酿造宝洁生产的福杰士咖啡）制造的“咖啡先生”家用咖啡机，莎莉集团推出了由飞利浦（主要酿造莎莉生产的杜威·埃格伯茨咖啡）制造的 Senseo 咖啡机。这两个竞争对手当时正在计划采取低端战略，其咖啡制作成本比克里格低 1/3，单个胶囊的价格更是比克里格少了一半以上。

关于竞争对手预期战略的消息在克里格内部引起轩然大波，甚至有些人开始质疑继续坚持高端定位是否明智。但高端定位对公司的战略和到目前为止取得的成功都起着重要作用，所以领导层仍然致力于提供高端的客户体验，其中包含其他品牌无法匹敌的福利——有各式各样的咖啡可供选择。尽管如此，这些假设仍然需要测试（详见“测试关键假设”一节）。

搞清楚任务和定位

早期，克里格曾考虑建设自己的咖啡生产线。也许克里格管理层当时所做的最明智的决定就是放弃这个计划。如果他们没有放弃这个想法，他们和咖啡烘焙公司将成为对手，而不是合作伙伴，同时也会削弱其商业模式的效力。

盒 3 中领导的日常工作是不断评估企业核心思想和定位的相关性。例如，克里格最后不再只做咖啡机，还新增了茶和其他热饮（苹果酒、巧克力热饮和一些汤品），并且宣布将开始新一轮的风投计划（盒 3），预计于 2015 年底推出一款名为“Keurig Kold”的冷饮机。在这一次风投中，克里格只与可口可乐和胡椒博士（Dr. Pepper Snapple Group）进行合作。

拿出勇气砍断沉没投资

面对自己的投资项目，你很容易就会不合理地为之付出，即使是错误投资。其实，要承认自己的投资是错误的，需要很大的勇气。

克里格在推出其家庭业务前不久就面临着这样的情况。面向消费者市场的咖啡机，是克里格雇用第三方机构辅助开发完成的，但遇到了严重的成本和性能问题。

不仅是咖啡机 B100 版本的设计从根本上就有缺陷（部分原因是 30 分钟加热等待时间），而且其造价比客户愿意支付的价格高出两倍。管理团队认为如果这样的咖啡机进入家庭市场，根本不可能满足市场需求。

于是，他们在 2002 年底做出了一个大胆的决定：立即着手开发一款新的家用咖啡机，将其命名为 B50，以取代尚未推出的 B100。这一大胆的决定最后也被证明是克里格成功进入家庭市场的关键因素。

在盒3中开发新的能力和流程

2003 年时，克里格工程团队只有 10 个人，所以也就不奇怪公司有时候把外包当作最方便的解决方案。但是，对于克里格而言，要想把盒 3 打造成连续性突破的发动机，需要具备很多与传统电器公司不同的技能。

引入高科技工程能力

凯文·沙利文曾在通用电气的喷气式发动机和航空航天部门工作过，他将肩负起重新改造克里格的工程使命：开发先进技术，而不是建立传统电器企业。“当我了解了咖啡机的内部结构之后，”他评论道，“很明显，这台设备与其他厨房电器完全不一样。所以我们需要高科技人才来解决内部问题，而不是那些有着搅拌器、烤箱或其他简单厨房电器开发经验的人。此外，我们还需要掌握这项技术。”这一转变改变了公司对人才和使命的看法，直到现在这一转变仍在为克里格带来效益。

沙利文还说：“我们的软件人员有的来自雷神（Raytheon）那样的公司，曾经为导弹编写程序。我们的硬件人员开发了咖啡机的水箱，也有着设计加热控制器和工业控制器的工作经验。”

到 2014 年，沙利文团队已有 400 多人。

培养系统思维方式

2003—2014 年，克里格工程团队的变化不仅仅表现在规模上，更体现在人才的结构上。沙利文在通用电气的工作背景教会他重视系统工程方法。系统工程指的是不仅要了解自己负责的工程产品，还要了解自己负责的这部分是如何与产品的其他部分相匹配，并为产品的总体目标做出贡献的。

因此，为了加强克里格的能力，沙利文广泛寻找业内的资深专家，换句话说，就是既了解树木也了解森林全貌的优秀设计师。“就是这样的思维才造就了我们的成功。”沙利文说道。

沙利文以自己为例讲述了他是如何在通用电气成为一名优秀机械工程师的：“我从飞机发动机开始，研究过武器系统，制造过制冷机和卫星。但一路走来，按照通用电气的惯例，我不得不学习电子学，研究软件学。在通用电气，我不得不学习一大堆与机械（工程）无关的事情。所以我现在雇用的人也都是这样。”

这个思想非常重要。知识全面使盒 3 价值的实现成为可能。格局更大的创新者比那些把自己限制在狭小领域的人有更多灵感来源。为了把这一思想落在实处，沙利文鼓励工程师不仅要了解相关学科知识，而且要积极地进行交叉训练。例如，精通咖啡调配的专家也同样精通咖啡机技术和操作的各个方面。

建立一个深度和广度兼具的团队的潜在好处有很多，甚至多到根本数不过来。而一个思想狭隘的团队将不会创造出有创意的产品，这一点显而易见。当然，这并不总是一件坏事。正如你将在第四章所见，在不欢迎差异的盒 1，团队真切地受益于在狭小和已知领域中有规则且执行良好的目标。在盒 1 中，坚守自己的领域是有价值的。但在盒 3 中，你需要跳出这个模式。

沙利文人才招募的另一个战略是吸引那些既有好奇心又渴望发现新事物的人才。如果你不介意他们平时常常关注其他人所做的事，他们的好奇心和对学习的渴望将更有可能被激发。这样你就会和能解决极具挑战性问题的人共事，而不是对什么都没有兴趣的人。

在电影《阿波罗 13 号》中，有一处十分有创意的场景，即休斯敦的一小队工程师在抛锚的航天器上临时想到一种净化空气的方式。虽然工程师当时压力非常大，但你仍然可以感觉到他们在寻找解决方案的过程中表现出的激情和自信。沙利文当时也具备同样的信心，这种信心让他在克里格建立了一种新的能力，带动了公司的蓬勃发展。

领导团队借用外包团队的缺点加强了内部全面拥有核心技术重要性的认识，并将其作为加强克里格内部工程能力的着力点。短期内，这种做法让克里格更有希望进入家庭咖啡机市场；从长远看意义更大，它让克里格具有更大的可扩展（更全面且更具活力）的工程能力。

“三盒”解决方案通常需要具备在多个时间框架内同时思考和行动的能力。正如斯威尼同时设想了当前和未来的制造需求一样，沙利文认识到，改造后的工程团队可以同时产生即时效益和长期效益，同样也体现了平衡的多维决策。

控制包装技术

克里格设计了包装线，并不断修改优化，以提高其性能和产量。保留包装技术设计的所有权让克里格受益良多。一方面，由于这些包装线都放在每家咖啡烘焙公司的厂房里，所以每一家咖啡烘焙公司生产的咖啡粉都在最新鲜的时候被封装进胶囊中，并且能在很长一段时间内保鲜。此外，多年来对包装线的改进，将 K-Cup 胶囊的产量从每分钟 100

个增加至 1 200 个。如果克里格没有掌握这项包装线技术，想实现如此大的性能提升是非常困难的。

掌握包装线技术的另一个好处是节约时间和成本，这得益于克里格早期做的一个关键决定。克里格本打算让咖啡烘焙公司将其生产的咖啡运送到它的工厂，然后自己进行 K-Cup 胶囊封装，再从工厂分配到零售渠道。但是由于克里格早已将其商业模式设计为追求咖啡品牌中立，所以它选择让合作的咖啡烘焙公司包装和运输自己品牌的 K-Cup 胶囊，以此将商业模式的效率最大化。这样做简化了流程，节约了时间和成本，并且没有什么损失。

因此，除了确保克里格的用户可以品尝到各式咖啡之外，咖啡品牌中立也保证了供应链的运作更加高效和分工明确。当然，克里格也肩负着发明和持续改进包装线设计的复杂使命，但这可以让咖啡烘焙公司只需负责 K-Cup 胶囊的生产，以此满足供应链上不断增长的需求。而克里格也反过来受益于咖啡烘焙公司早已建立起来的口碑，并让自己的 K-Cup 胶囊受益于它们的营销策略。

当然，各方都能从每个 K-Cup 胶囊销售上获利。与咖啡烘焙公司建立互利的关系正是克里格商业模式的核心，外包 K-Cup 胶囊制造只是一种使其商业模式更高效的理性方法。

测试关键假设

只有撞了大运才可能挽回盒 3 中因错误假设未得到验证而造成的决策

失败。如果你的未来注定要经历失败，你肯定希望它来得越早越好，而测试假设是发现项目计划漏洞的最佳方式。克里格从一开始就积极收集和分析数据，以测试关键假设，不断学习，不断适应。

测试高端定位

克里格在早期就认识到进入家庭市场可能会与其高端定位产生冲突。因此，它进行了大量研究，以测试家庭消费者对高端客户体验的接受程度和其对享受这种高端体验的定价意向。等到准备推向市场的时候，克里格已经胸有成竹，即高端策略仍然坚挺，家庭市场也将按着这个方向发展。研究表明，售价在 129~199 美元之间的咖啡机和 0.5 美元的 K-Cup 胶囊都是消费者愿意承受的价格定位（详见专栏：测试家用咖啡机）。

克里格的高端定位战略的效果非常可观——不仅自己有利可图，还能让消费者满意。《纽约时报》发表了一篇文章，试图分析胶囊包装的经济学问题。[7] 这篇文章计算出，在一颗 K-Cup 胶囊中封装的咖啡粉的价格比客户购买咖啡豆，自己在家研磨、冲泡所花费的钱高 2~4 倍。实际上，每颗胶囊中只有 9~15 克的咖啡粉，所以其中的利润可想而知。

《泰晤士报》还研究了不同消费者对高端产品的便利性和易用性的重视程度："单杯咖啡的地位取决于你想煮咖啡还是想喝咖啡。"克里格的商业模式是将客户看成喝咖啡的人，而不是煮咖啡的人。对于大多数喝咖啡的客户而言，便利、快速、口感和新鲜度是让他们乐意掏钱的主要因素。

测试家用咖啡机

从推出办公室产品线（1998 年）到推出消费者产品线（2004 年）的这几年里，克里格一直忙于做功课，了解所谓的家庭市场。1999—2001 年，它开展了大量客户调查、焦点小组行动和家庭测试，旨在衡量喝咖啡的客户对家用克里格咖啡酿造系统的兴趣和期望，以及对咖啡机和胶囊价格的接受范围。

竞争者的观念中，打入咖啡家庭市场就是进入了低端市场。鉴于克里格成立的使命就是提供高端的产品和客户体验，所以他们需要测试这种低端假设。当然，克里格也有自己的假设，包括星巴克在内的一些咖啡品牌已经让多数喝咖啡的客户对咖啡的高品质、新鲜度、口感和品种有了更高的期望，所以要想满足这些客户的期望就要匹配相应的高价位。[8]

克里格于 2000 年对一些进出咖啡连锁店的客户进行了现场采访，例如星巴克或者唐恩都乐。克里格根据受访者在家中或在外面的日常咖啡消费习惯进行筛选（包括一些熟悉克里格或其他办公室单杯咖啡的消费者），得出如下结论：

- 受访者每天平均要喝 2~3 杯咖啡，包括在家的时间。
- 88% 的受访者对克里格咖啡酿造系统表现出兴趣。他们对其便利性、易用性及不需要事后费劲儿收拾的胶囊包装感到好奇。

- 75% 以上的受访者仅仅根据采访人员的口头解释就表现出购买兴趣，而在演示完操作系统后，其购买兴趣更是增加到 90% 以上。
- 在品尝过咖啡机冲泡出的咖啡后，有 40% 的人表示他们愿意花费 0.5 美元购买 K-Cup 胶囊，而每天喝更多咖啡的人则愿意为咖啡机和 K-Cup 胶囊支付高价。

克里格还进行了家庭试验，其中有一个焦点小组的消费者每人收到了一台商用咖啡机，放在家中试用。

- 在测试中，参与人员（在测试期间被要求以每颗 0.5 美元的价格购买 K-Cup 胶囊）“持续使用快速和便利的系统测试咖啡的口感”。[9] 此外，他们还很看重每杯咖啡味道的一致性、咖啡选择的多样性、准备工作的简易程度以及事后是否脏乱等。
- 参与者反映说，他们在家中的咖啡消费量增加了（达到每天 2.25 杯），但他们在外的咖啡消费量下降了。
- 参与者给出了可接受的咖啡机价格为 129~199 美元。如果价格高于 200 美元，“相当于购买奢侈品，需要更多的考量”。[10] 此外，0.5 美元一颗的 K-Cup 胶囊，他们也可以毫不犹豫地购买。

总而言之，当这些结果与早期的外部市场研究，以及克里格委托第三方进行的互联网调查相结合后，可以看出，家庭市场对克里格的高端定位有相对较高的包容性。

开发更优质的咖啡机

其实，克里格咖啡机家用产品的设计规格和制造成本才是需要多多测试的。从重新设计制造新产品以替代外包制造的 B100 咖啡机这件事就可以看出，如何解决各种技术和成本问题才是关键。

在克里格的历史上，这段时期过得尤为煎熬。在其资金还有 6 个月就要耗尽时，斯威尼甚至考虑搬去哈佛大桥下的一间美泰克小屋居住。打入消费者市场就是孤注一掷的战斗，克里格不可能推出一款劣质的咖啡机，所以替代 B100 的产品必须成功。

克里格团队没有放弃，他们已经有了一些关于如何改进 B100 的想法。克里格没有将 B100 咖啡机推向零售渠道，但在其网站上有一定的销售量。用户对 B100 的反馈让克里格清晰地意识到，别的不提，单单将一水箱里的 8 杯水都加热至理想冲泡温度要等待半个小时这一点就让用户很难接受。这就意味着需要在新的 B50 产品中做出更智能的改进，即在连续冲泡数量和理想温度之间进行折中。

该解决方案将取决于家庭用户使用咖啡机的实际情况。根据现场测试，克里格团队确定家庭用户每天冲泡咖啡的数量可能不会超过 5 杯。因此，他们决定缩小 B50 水箱的尺寸，这也大大降低了咖啡机的成本。但还有一个关键的问题是：在冲泡咖啡前，多长的加热时间才会被认定为太长？似是而非的答案是“不太长”；等待时间超过一分钟就是在考验大多数用户的耐心了。

在一系列测试中，团队将水箱缩小到三杯水的容量，同时使用软件、低成本传感器和微处理器技术来加速加热过程。为了响应用户对大杯咖啡的需求，团队还特地开发了一款咖啡机，使每杯咖啡的容量可在4~10 盎司（约 120~300 毫升）之间调节。

用户还对咖啡机造型提出了反馈意见。对于办公室咖啡机来说，原有造型绝对不是问题，但是家用咖啡机将出现在消费者厨房的台面上，B100 占用的空间太大了，相比之下，B50 则小巧得多。

降低酿造成本

事实上，一个小型的咖啡机不仅结构简单，而且用料节省，有利于控制成本。而 B50 采用的低成本传感器和微处理器技术也让其更加经济实用且高效。但仅仅使用先进技术和缩小体积还远远不够。生产于亚拉巴马州的 B100 的制造成本约为 250 美元，但克里格认为理想定价应为 150 美元左右。约翰·郝瑞斯基愿意采取保本销售的策略。因为这种“剃须刀 + 刀片”商业模式可以让无亏损经营可持续发展。但咖啡机必须在中国生产。所以斯威尼与海外制造商建立商业合作关系将有助于克里格在保持高端定位的同时打入家庭市场。

改进K-Cup胶囊包装

通过不断试验，克里格不断改善 K-Cup 胶囊的内部结构，以容纳更多的咖啡粉。经过多年的努力，克里格终于赢得了与星巴克、皮爷、驯鹿等咖啡品牌的合作，这些品牌制作的咖啡味道都格外丰富、香浓（详见专栏：不断发展的 K-Cup 胶囊）。到 2015 年，克里格已经可以提供近 400 种 K-Cup 胶囊，囊括 60 个不同的品牌。

不断发展的 K-Cup 胶囊

实质上，K-Cup 胶囊不仅是一种包装，更是一种产品，是一种用箔盖密封的塑料容器，它的内部有一个过滤器和可冲泡一杯咖啡的咖啡粉。在冲泡之前，每个 K-Cup 胶囊都是在封闭状态下置于咖啡机架上，然后咖啡机刺穿胶囊，以便开水能流进胶囊（详见图 2–1）。这就要求过滤器必须悬挂在咖啡机内部恰当的位置上，保证其在胶囊底部被刺穿时，不会接触到锋利的排出喷嘴，以防过滤器损坏。

图 2–1　K-Cup 胶囊工作原理

资料来源：本图片版权归克里格所有（使用已获许可）。

K-Cup 胶囊在几年内逐步完成了改进，同时，克里格还一直坚持尝试说服咖啡烘焙公司生产更香浓的咖啡。咖啡的浓度受限于每个 K-Cup 胶囊可以容纳的咖啡粉量。最初的胶囊只能装大约 9 克咖啡粉，其实这已经足够了。凯文 · 沙利文认为这“可以泡一小杯典型新英格兰风味的咖啡”。但是，要想打动喝惯了星巴克咖啡的客户却还不够。

多年来，在走访星巴克和其他美国西海岸的咖啡烘焙公司的过程中，克里格的高管早已见惯了对方慢慢摇头，然后拒绝自己。但这也是一种动力。沙利文说：“酿造系统的难点在于，咖啡机一旦做好就定型了，所以胶囊的外形无法变大。你只能从内部结构上做文章。”由于最早的 K-Cup 胶囊中过滤器是圆锥形的，所以这种形状也就成为关注的焦点。

第一次 K-Cup 胶囊改进主要是将波纹滤纸改成不完全圆锥形，并且截去了底端，让其不与排出喷嘴接触。这个版本的胶囊能够容纳 12 克咖啡粉。星巴克注意到了这次改进，但仍表示这还不够。

沙利文说：“每年我们都会到访星巴克，然后问问，‘这次怎么样？’但结果都差强人意。最后，克里格生产出了更长的过滤器，能够容纳 14 克咖啡粉。然后星巴克的人告诉我们，‘哎呀，你们真的做到了，那就是我们的味道’。正是因为这样，我们才获得了与星巴克合作的机会，最终让星巴克愿意在其产品线上生产 K-Cup 胶囊。”

紧跟竞争对手的市场营销预算

验证假设可以让你在做出决策时更有信心。随着 B50 接近完成，克里格确信它的质量和性能完全能够匹配消费者愿意为它支付的价格，并且不会砸了它在办公室市场建立起来的品牌。

克里格的主要竞争对手也进入了家庭单杯咖啡消费市场。除了宝洁和莎莉集团，卡夫食品还推出了由博朗制造的 Tassimo 咖啡机（主要酿造卡夫生产的麦斯威尔咖啡）。在备战 2004 年假期购物季期间，为了提高市场对家庭单杯咖啡酿造优势的认识，竞争对手们准备花大价钱进行广告宣传。但郝瑞斯基决定不在媒体广告上花钱。克里格可以从其竞争对手的大笔营销预算中受益，因为它们的宣传可以让用户对这个商品种类有更深的认识，并且将消费者吸引到零售店里。当消费者到最大的百货连锁店和食品零售店时，比如威廉–索诺玛（Williams-Sonoma），克里格就在现场举行演示活动，鼓励消费者用家庭咖啡馆来“宠爱”自己。克里格的研究显示，当消费者看到咖啡机煮咖啡的过程并品尝到现场酿制的咖啡时，其购买的可能性会急剧上升。

当 2004 年假期购物季尘埃落定后，克里格早已将所有竞争对手甩在身后。

开创盒3文化

当郝瑞斯基和沙利文加入克里格时，许多属于盒 3 的做法已经开始在公司内扎根。当然，克里格本身就是从非线性洞察力中诞生的，这一点不言而喻，它本身就完全抛弃了咖啡酿造的传统方法。而它采取的与所有咖啡品牌保持中立的合作方式，即“剃须刀 + 刀片”商业模式，更是让人从一开始就能预见其成功。

然而，克里格真正缺少的是技能、结构和态度，即可以使盒 3 中的非线性思想得到可持续和经得起测试的发展。简而言之，就是一种习惯。那正是克里格的领导层格外关注的方面。以下就是他们的一些价值观：

- 不安于现状和不自我满足。自满是盒 3 思想的敌人。伟大的突破性创新肯定会有完成的一天。盒 3 文化就是努力超越自己过去的成功。发展到 2015 年，克里格绿山准备进军冷饮市场。
- 对外界的想法和技能保持开放的心态。就像飞机内部的空气一样，封闭的系统会让空气变得污浊。要有新鲜空气就需要有意识地致力于将新的能力和外部观点引入成熟的公司。就好比斯威尼举办年度供应商峰会这样的做法，以及沙利文广泛地寻求非常规人才、帮助公司倾听新声音这样的意识。
- 渴望挑战。最好的工程师和设计师都喜欢在压力环境下测试自己。沙利文讲述了他的团队通宵解决一个咖啡机技术问题的故事。这个问题是由克里格绿山首席执行官布莱恩·凯利提出来的。凯利给他的兄弟每人送了一台咖啡机，结果他们都抱怨水泵制造的噪声太刺耳。工程师早已习惯了噪声，但他们还是改善了水泵，增加了缓冲器并更换了一些材料，直到水泵发出的声音不再刺耳，能被用户接受为止。凯利对此感到非常惊讶，因为技术团队在第二天就给出了一个成功的解决方案。沙利文说："我们的团队内部已经锻炼出了集创新能力、团队合作和同事情谊于一体的肌肉。"所以，面对修复水泵噪声这样的任务，完全不在话下。

- 试验和适应。试验是测试假设的最佳方法。从结果中学习，进行必要的更改，再次尝试，然后了解更多的信息。随着了解的内容越来越多，信心也越来越强大，小赌注也就可以变成更大的赌注。在某些方面，沙利文锻炼创新肌肉这一长期计划本身就是一系列长期的试验，每一个试验都由新的需求和新的信息组成。
- 不走寻常路。如果你与宝洁、卡夫竞争，那么以常规角度看，预计你需要花数百万美元的广告费才有机会。但是，强大的盒3文化可以在需要时帮助你走一条不寻常的道路。因此，在2004年假期购物季期间，郝瑞斯基决定以非传统的方式安排克里格的营销预算。
- 准备B计划，灵活应对。最后，因为盒3文化通常要求能承受不确定性和风险都很高的情况，所以他们需要迅速适应不断变化的环境。克里格早期时面对包装线供应商所暴露的弱势更突出了准备B计划的重要性。随着时间的推移，克里格已经能很好地应对临场情况，做到灵活应对，游刃有余。

这些价值观念让我回想起伊丽莎白·吉尔伯特著名的回忆录《一辈子做女孩》中关于“美食，祈祷，恋爱”的生动比喻。在书中，她描述了一种基本的人生平衡法：“我们匆匆地走完人生，就像是马戏团表演者在两匹驰骋的马上保持平衡一般，我们一只脚在名为‘命运’的马上，另一只脚在名为‘自由意志’的马上。你每天都要问自己——哪匹是哪匹？我该操心哪一匹马？因为它已经脱离我的掌控。我需要集中精力引导哪一匹马？”[11]

虽然吉尔伯特所描述的是个人行为，但她的比喻同样适用于企业及其领导层。在每次活动中，企业都必须不断地问自己：哪匹是哪匹？代表自由意志的那匹马可以掌控，但代表命运的却无法控制。成功人士和成功企业都知道如何把重点放在可以掌控的方面，因此，他们不会在无法控制的马匹上花费太多时间和精力。

吉尔伯特并不是暗示你应该忽视无法控制的马匹；相反，你需要了解、尊重并且致力于对抗不可控命运的潜在破坏力。因为盒3尤其要求对高风险和高不确定性的承受能力，所以你需要特别注意那匹淘气的马可能搞的恶作剧。因此，为了应对令人讨厌的情况，可采取的主要控制措施就是试验、学习和适应——从新信息和渐增的确定性中获利，从而降低风险并投下更大的赌注。

最后，盒3的成功取决于你应用计划性机会主义概念的能力。正如我在第一章中所描述的那样，计划性机会主义是尽可能做好充分的准备，以应对各种情况，无论命运是给予你善意还是给你施加痛苦。从沙利文采取行动支撑他的工程团队到斯威尼和强大的合作伙伴建立关系，再到郝瑞斯基在消费者产品发布前进行的研究计划，克里格已经做好充分的准备在盒 3 中实践计划性机会主义。这些案例都是利用自己掌握的资源，提高命运这一你无法控制的因素朝着对你有利的方向发展的可能性。

长期主义

由于许多主要的 K-Cup 胶囊专利已于 2012 年底到期，所以克里格将面对一系列新的竞争，这些竞争将以多种形式表现出来。专利到期时，克里格又设计出一种新的包装，名为 Vue，它具有更大的体积，可以容纳更多的咖啡粉。但是消费者不一定买账，特别是你要他们换掉已经用惯的东西，去尝试新的未经测试的替代品时。Vue 包装并没有走 K-Cup 胶囊的老路。

克里格还在 2014 年夏季推出了一套全新的酿造系统。被称为克里格 2.0 的咖啡机利用了先进的工程技术，让咖啡机仅能使用新设计的 K-Cup 胶囊，胶囊上印有咖啡机能识别的扫描码。除了这种胶囊外，无论是老版的 K-Cup 胶囊还是未经授权的第三方 K-Cup 形状的胶囊，都不能用于新型咖啡机中。

对克里格的新客户而言，这些变化并没有太大的影响，但是对忠实的长期用户来说，这着实是一个有惊无喜的消息。能提供种类繁多的咖啡这一基本优势在克里格咖啡机的成功中扮演着重要角色，但新型咖啡机不支持未经授权的第三方咖啡包的确影响了很多客户。更令人生气的是，新型的咖啡机甚至也不能接受 My K-Cup——一种方便的、可重复使用的适配胶囊。一些用户自己购买咖啡豆并研磨成粉，希望利用这种适配胶囊在克里格咖啡机上冲泡自己想要的咖啡。

从应对专利到期问题这一角度来看，克里格 2.0 的出现合情合理。但专利到期并不是用户的问题。对于用户而言，克里格似乎突然背离了自己关于多样性和可选性的核心品牌承诺。克里格 2.0 的买家无法用过去喜欢的方式使用新型咖啡机。

后果很快反映出来了。消费者对新产品的评论不仅不热情，甚至还很严厉。克里格告诉《消费者报告》杂志，扫描码是为了精确控制特定饮料类型的酿造参数。《消费者报告》杂志注意到，扫描码还作为数字版权管理工具，“防止你使用旧的或是未经授权的 K-Cup 胶囊”。[12]

有些用户决定自己动手改变现状，所以他们利用被广泛接受的黑客技术，使新型咖啡机能接受旧的胶囊和可重复使用的适配胶囊。但消费者这样的回应对新型咖啡机的销售产生了影响，也最终影响了克里格的收入。据《今日美国》的报道，2015 年第一季度，克里格咖啡机和零配件的销售额“下降了 23%，因为消费者坚决地用行动对封闭式咖啡系统进行了抵制”。[13]

2015 年夏，克里格绿山的股价大幅下滑，处于 70 点的低位。首席执行官布莱恩 · 凯利在 5 月份发布道歉声明，承认错误判断了客户群，并且没有预料到咖啡机变化会造成这样的反应。凯利说道："我们错了……我们低估了消费者对克里格咖啡机的热爱。"[14] 他还宣布，将改进新型咖啡机，使其接受 My K-Cup 可重复使用的适配胶囊。"这种适配胶囊对于我们很多非常忠诚的重量级用户来说非常方便……我们不应该排除它。但我们却这么做了，（所以现在）我们重新接纳它。"[15]

当然，凯利能站出来代表克里格绿山向消费者道歉，这一点是值得称赞的。但是我从这个挫折中看到的是一个教训，即随着时间的推移，保持三个盒子之间持续的平衡是一项永无止境的挑战，是一次完整的旅行，而不是多次旅行的集合。克里格 2.0 本质上是对盒 1 的回应，因为它的主要目标似乎是保护"剃须刀 + 刀片"商业模式免受第三方侵权。但是，这却与克里格的重要品牌承诺产生了冲突。忠实的客户——最爱你的产品的那些人，总是会在你降低感知价值时给你最激烈的反馈。所以你应该至少给他们一些明显与众不同的福利，而不是仅仅补偿他们失去的东西。从市场反应来看，这种情况并未发生。

在撰写本书时，克里格正在为下一个决定命运的日子做准备——新型冷饮系统 Keurig Kold 的发布。据《波士顿环球报》的报道，这款冷饮机预计零售价为 200 美元，并且将使用 K-Cup 胶囊，每个胶囊包含完整的冷饮配料（包括碳水化合物），可制作出 8 盎司（约 240 毫升）冷饮。[16] 该报还引用了一位分析师布莱恩·霍兰德的说法，他认为新产品"是对克里格绿山影响力的最大测试，可以看出它在消费者心中是否仅仅是一家咖啡企业。他们对这款冷饮机存在很多疑问。"

这是必然的。但是对于盒 3 来说，挑战的核心就是要在质疑声中取得成功。

在接下来的章节中，我们转向盒 2。盒 2 中主要的活动是选择性地忘记旧的想法、做法、流程、系统和思维方式，简言之，就是选择性地忘记任何有碍于非线性创新的因素。实际上，在盒 2 中，你还可以落实最有助于计划性机会主义的条件，所以无论未来的结果如何，你已经获得了你所需要的用于灵活应对问题的技能、见解、结构和态度。

盒 3 文化的终极考验是，它是否能在未来的几十年内持续下去。我认为这在很大程度上取决于企业在谈及盒 2 时的习惯与承诺。因此，盒 2 是“三盒”解决方案中最不可或缺且最具挑战性的元素。

值得注意的是，缺乏强大的盒 2 能力将必然导致企业在发展中陷入困境甚至迷失方向。在第三章中，我们将看到 IBM 如何开发出雄心勃勃的盒 2 战略，并以此来实现盒 3 中关于未来的复兴。

本章要点

- **盒3中的创新是一个艰苦的试验过程，需要领导层极具耐心。**

  如果克里格的外部投资者没有在一轮轮遭受挫败的试验和错误中表现出必要的耐心，克里格可能永远无法突破消费者市场。

- **与其他企业结盟是最佳商业模式之一。**

  克里格的商业模式将其自身命运与众多咖啡烘焙公司联系在一起。随着克里格的逐渐发展，它也为咖啡烘焙公司提供了一种既能传播品牌身份又能增加收益的途径，这又反过来增强了克里格的品牌主张和价值主张。

- **深度和广度的恰当结合增加了所有人的创造潜力。**

  正如凯文·沙利文对工程师的招聘要求所示，一个工程师如果既能深入学习专业知识，又能对自身工作和宏观战略之间的关系有着广泛了解，并将二者结合起来，那么他就能抓住机会，并且能帮助解决相邻领域的问题。无论是什么类型的企业，应用什么商业规则，这种方法都能为其商业规则添砖加瓦。

- **学习的优先级永远大于创新。**

  盒 3 中的风险投资总是充满不确定性，需要通过不断的试验获取动力。风险应该被视为学习的机会。但是，在学习中，通过测试关键假设解决不确定性和降低风险应该是最重要的。

- **在押下大赌注之前先投下较小的赌注是在风险最大且确定性最低的时候限制投资的最佳方式。**

  在你的目标市场仍未成形的情况下，采取这种措施尤为重要。

- **在企业中创建盒3文化非常重要。**

  事实上，这是实践计划性机会主义最重要的事情——即使无法准确预测未来，也要为未来做好准备。建立新的技能、结构和态度，培养在盒 3 背景下进行非线性思考的习惯。

› 工 具

工具1：产生盒3想法

请参阅你对第一章的工具 2 所列问题的回答，确定公司可能在盒 3 中创建的新商业模式，并且能利用到两个或多个非线性变化，明确你的公司可以开发哪些创新产品或树立何种服务理念以填补当前市场的服务盲点或创建全新的市场。

在经过一番头脑风暴并确定了几个盒 3 的想法之后，利用数字 1~5 的等级，从两个维度对每个想法进行评估。

- 想法的吸引力。一个想法的吸引力取决于目标市场的规模、未来的发展等。这不是一次市场研究活动，请简单地做出粗略的估计（1= 没有吸引力，5= 非常有吸引力）。
- 可行性。可行性是指你抓住机会的能力。需考虑的典型因素包括现有的竞争力和能力、市场竞争方式以及建议采纳可能遇到的障碍等（1= 不可行，5 = 非常可行）。

将吸引力的得分和可行性的得分相加，得到的分数就是每个想法最后的总分。得分最高的想法就是最具吸引力的想法。

利用下文所述的工具开始执行你的想法。

工具2：执行一个盒3想法

- 盒 3 中的项目需要什么样的技能和竞争力？有哪些内部资源可用？哪些又是你需要借助外力的？与克里格类似，盒 3 中新的功能应在独立于绩效引擎的专门团队中构建。
- 找出可以为盒 3 中的项目提供竞争优势的绩效引擎资源，从而迫使其为盒 3 想法创造成功的机会。这个讨论确定了专门团队必须从绩效引擎中借鉴哪些东西。执行一项盒 3 中的项目就是关于如何将其与绩效引擎分离，但同时又与之共存。
- 当盒 3 中的项目借用绩效引擎的资产时，冲突将不可避免。但我们的目标不是排除冲突，而是去管理冲突。在你的公司中，绩效引擎和盒 3 中的项目互动时，什么样的冲突会自然而然地出现？是资源稀缺还是标准不同？对公司整体发展而言，什么才是最重要的？是观念冲突还是因专门团队更受重视而产生嫉妒？解决这些冲突的最佳方法是什么？
- 盒 3 中的创新项目有两种结果是可接受的：（1）成功；（2）持续时间短且损失小的失败。时间长、损失大这种痛苦的失败结果是最不愿意看到的。因此，随着盒 3 中的项目不断推进，你特别希望只花一点代价就学习到很多。要做到这一点，你必须尽早并尽可能低成本地测试关键假设。跨职能团队应该确定一个可以把盒 3 中的计划具体化、使其转变成成功业务的假设，而且考虑得越具体越好。下列通用类型的假设值得考虑：

- 你是否在不受解决方案影响的情况下正确了解了客户的问题？
- 公司商业模式的解决方案能否解决客户问题？
- 目标市场的规模如何？
- 什么价格点可以解锁市场？
- 你能以目标价格获得多少客户？
- 你是否拥有解决方案所需的技术？
- 你知道产品的最佳制造结构吗？
- 你估计你的成本到了什么程度？
- 你有执行和把计划具体化的能力吗？
- 您是否设计了进入市场的正确方式？
- 你了解恰当的售后服务方式吗？
- 目前你的竞争对手都有谁？
- 还有谁可能会再进入市场吗？
- 新进企业如何大力推行市场？
- 竞争对手的行为怎样影响你的产品需求？

现在确定关键假设。利用 1~5 的等级，评估每个假设的不确定程度（1=确定，5=乱猜测），以及假设错误的后果严重性（1=轻微，5=严重）。总分最高的假设是最关键的，应该优先测试。你可以设计哪些低成本试验来测试关键假设？

- 执行盒 3 中的项目就是如何进行有规律的试验。你的学习速度比竞争对手快是唯一的可持续性竞争优势。在盒 3 中，实现经营绩效的最佳方法不是将重点放在短期的财务指标上，相反，你应该使用先行指标来评估盒 3 中的试验。先行指标提供分析关键假设的信号，正是这些最终造就了财务上的成功。对于你的公司正在盒 3 中实施的具体想法，其绩效评估标准应该是什么？

第三章

忘记过去

盒 2 是通往盒 3 的阻碍。正如我在第一章中简要谈到过的，盒 2 最具变革性的作用是帮助企业摆脱围绕过去成功产生的思想和结构的枷锁。作为一名高管，康斯坦茨（Constancee）公司创始人赫尔克·费伯告诉我："一旦我找到勇气向不再有用的过去说再见，不再回头，不再显摆我在盒 2 中的辉煌——我准备好踏出迈向新未来的第一步了，盒 3 的魔力就开始显现了。"

事实上，没有什么比一些根深蒂固又过时的价值观和惯例更强大了。这些价值观和惯例很容易被当成物理定律一样认为不可改变。然而物理定律通常是有用的，但过去的主导地位却只能冻结时间和形成惯性。

我从同事那儿听到过一个关于 4 只猴子的比喻。[1]

4 只猴子坐在椰子树下，因为等椰子掉下来等得不耐烦，所以其中一只猴子决定爬树摘椰子。然而，在接近树顶时，它受到电击，于是仓皇地回到地上。其他猴子看到后惊慌不安。第一只猴子再次尝试，但结果仍然相同。随后，一个接一个地，其他猴子决定自己上去看看，同样地，在它们摘到椰子之前就会受到电击。所以没多久，猴子们就都知道爬这棵椰子树是件很危险的事。因此，每当谈及椰子树时，它们根据经验判断，唯一可用的商业模式就是等待重力作用让椰子自己掉下来，而不是自己主动爬上去摘椰子。

这 4 只猴子将这一认识应用到它们的“组织方针、员工手册、培训计划、绩效指标和组织结构”中，于是这一认识就变成了正统观念，其他猴子也就不再质疑为什么爬椰子树是一个坏主意。

最后，当这 4 只猴子转移到另一棵树下，只要它们敢爬就会发现这棵树并不会放电，但它们却没敢再爬。尽管场景发生了非线性变化，但猴子却采取了与之前一样的措施。它们把会受电击的经验带到了新的环境中。但有一次，这 4 只猴子组成的“管理层”中换掉了一只猴子，来了一只之前并没有被电击过的猴子。当它开始准备爬树摘椰子时，其他猴子却把它拉了下来。一次又一次地，新来的猴子爬树，另外三只猴子阻拦。它们向这个有着特立独行想法的猴子解释说，即使只是试图爬树，也是不被允许的，重力作用是唯一可用的“商业模式”。

“所以你们就在这儿等着吗？”新来的猴子问道。

“我们能做的就是期待刮风的日子，能松开挂在树上的椰子。”另外三只猴子中的一只如是说。

新来的猴子从来没有经历过电击，但它却明白，这树不是用来爬的，并且只要你尝试这么做，就会受到坚决反对。因此，一只本来有着不同想法的猴子就这样被同化，并接受了旧思想。

随后，4 只元老级的猴子一个接一个地被替换了。然而所有新来的猴子都在没有受过电击的情况下，学习到爬上椰子树是很危险的。旧的逻辑总是在其产生之后还一直流传，即使非线性变化带来了新的有潜力的机会，还依然坚挺。由于这种过去遵循的逻辑影响力太大，新的机会就总被错过。

因此，公司必须建立选择性忘记的制度，忘记任何已不适用于当下的旧逻辑。如果它仍然对盒 1 的业务存在价值，就设计一种方法屏蔽其对盒 3 的抑制作用。

精益创新的原则

盒 2 中的一个责任是修剪不再符合公司战略的业务线。例如，通用电气在 2015 年 4 月采取了大胆的行动，宣布出售通用电气金融服务公司的大部分资产，将资源集中于高新技术产业公司。公司预计仅仅从房地产资产出售中就能获得 265 亿美元的资金，这些现金可用于资助在盒 3 中的医疗保健、能源和运输方面的计划。20 世纪八九十年代，快速推动金融服务产业的发展是通用电气在盒 1 中做出的正确选择，截至 2000 年，金融服务创造了公司一半以上的收入。但是，21 世纪的经济和社会变化使得通用电气开始重新考虑其业务优先级——不同的时期排在公司前面的也不同。

在公告中，时任董事长兼首席执行官杰夫·伊梅尔特表示，在考虑这一举措时，通用电气的董事会和管理团队“问了一些关键问题，比如，当今世界的发展动向是什么？现在是正确的时间吗？这样做对客户和投资者是好事吗？通用电气将会发展成什么样？”[2] 为了追求未来，通用电气意识到它必须选择性地忘记过去，甚至是过去曾被证明利润非常丰厚的做法（详见“放弃错误的未来”专栏中印度塔塔咨询服务公司所做的看似违反常理的资产剥离）。

放弃错误的未来

塔塔咨询服务公司（以下简称 TCS）是印度规模最大、资历最老的塔塔集团的子公司，它已经从印度 6 家领先的 IT（信息技术）外包供应商之一转变成了全球 IT 服务领域当之无愧的龙头企业，目前约有 30 万员工。尽管北美和欧洲的外包市场发展全面减速，但 TCS 的收入却从 2010 年的 60 亿美元增至 2014 年的 120 亿美元，实现了翻番。其市值达 700 亿美元，成为印度最有价值的企业。

TCS 的转型是通过大胆地在盒 2 中采取行动实现的。例如，在 21 世纪的头几年，公司在蓬勃发展的海外呼叫中心业务中相当成功。业务流程外包是一个快速发展的行业，而呼叫中心的需求尤其大。然而，仅仅几年后，TCS 突然决定叫停其呼叫中心服务。TCS 这样做的原因并不是这项业务不再增长或者不再繁荣，而是公司领导人认为运营呼叫中心已经开始使 TCS 朝不利的方向发展。

根据 TCS 前任首席执行官拉玛多拉伊（拉姆）的经验，呼叫中心运营商的平均服务期限为三个月至一年。由于 TCS 每年有 50 万名员工在公司内部循环，这就导致了大量的劳动力流失和管理资源消耗。与 TCS 未来更息息相关的是，呼叫中心业务虽然能盈利，但其对客户并不具有战略意义。公司认为，这一举措正是降低其非核心领域成本的一种方式。

此外，TCS 希望其使命能转向为客户提供更大的战略价值。高附加值的服务收入往往更高，所以通过专注于这些服务，TCS 可以更好地发展更精干、更稳定的员工队伍。

拉姆解释说："我们做了一个非常清醒的决定，认定呼叫中心服务并不是我们想要开发的能力和努力的方向，因为其附加值非常低。所以我们说，'让我们抓住机会，放弃呼叫中心业务'。"[3]

维持低附加值的呼叫中心的运营工作将会消耗企业大量的精力、注意力、资本和创造力，这会导致企业在发展更具战略价值的业务时，走到错误的轨道上。放弃正快速增长的需求领域是很罕见的做法，但是 TCS 认为呼叫中心不是正确的发展方向。

宝洁公司同样采取了大胆的剥离策略，旨在将管理层的注意力集中在数量较少但增长快速的核心品牌上。2015 年 7 月，宝洁宣布向科蒂集团（Coty Inc.）出售其 43 个美容品牌。[4] 与科蒂的交易以及其他剥离策略都是宝洁放弃多达 100 个品牌的计划的一部分，目的是释放资本和管理跨度，用于促进仅余的 10 个产品线的增长。

作为盒 2 中投资组合管理策略的一部分，资产剥离可以减少资产的组织。这些资产包括：（1）价值下降的资产；（2）管理难度过大的资产；（3）可能吸引外部买家出个好价钱的资产。但是，资产剥离往往难以执行，充满挑战性。因为这会引起一系列内部的焦虑情绪和来自市场的担忧，所以需要权力足够大的决策层的积极承诺。因此，即使资产剥离能创造有助于未来增长的流动性，但盒 2 中还是有其他手段可以对盒 3 中的创新产生更直接的积极影响。

在本章中，我主要关注在不同发展阶段的各个业务领域改变人们工作、管理和思考方式的措施，因为尽管剥离有形资产已经非常困难，但要对企业发展中藏在阴暗角落的潜在威胁采取行动，则难上加难。

运行盒 1 绩效引擎的管理者培养出了一种主流逻辑，其中包括在过去的经历中形成的思维定式。[5] 这种主流逻辑会进一步渗透进系统中、结构中、过程中和自我延续的文化中。主流逻辑在公司中的影响很大，尤其是趋向于从内部发扬主流逻辑并具有同质文化、强大的社会化机制以及长期的成功历史的公司。这种根深蒂固的记忆可能适合被保存（盒 1），但是如果没有被完全化为己用（盒 2），那么它就会阻碍创造的进程（盒 3）。这就是为什么盒 3 中的所有计划都应该从盒 2 开始的原因。其基本原则就是：**在开始创造之前，你必须先忘记。**

缺乏盒2制度的企业往往会和那4只猴子一样。他们没有发现，许多根深蒂固的思维定式在变化的环境中早已失去了相关性，并且使他们的未来处于危险之中。但可喜的是，企业可以利用盒2作为保持过去、现在和未来之间平衡的工具。

误入歧途的IBM

在20世纪最后25年的大部分时间里，IBM都是在盒1中制度严明的典范。它成为大中型企业信息技术（硬件、软件和系统集成）的首选提供商。既昂贵又复杂的技术一直都是高风险的买卖，所以各个公司负责采购决策的首席信息官流动性一直很大——20世纪90年代时，他们的平均任期还不到两年。他们对IBM在质量和可靠性方面的声誉评价非常高。IBM对每个承受着巨大压力的首席信息官而言是安全的选择。所以当时有种说法，“选择蓝色巨人（IBM的绰号），你肯定不会被解雇”。

IBM很享受自己作为业界大佬的地位。首席信息官觉得他们为了保住饭碗，选择采购IBM的产品是很明智的做法，而IBM也在这种企业信息科技领域卓越品牌的光环下越过越安逸。

然而，两个非线性转变威胁着IBM的主导地位。

第一是个人计算机。到20世纪80年代中期，最初被视为爱好者玩具的个人计算机开始渗透进大小企业。较具有讽刺意味的是，IBM（与比尔·盖茨的微软初创公司一起）在推动个人计算机成为被普遍接受的商业工具方面发挥了关键作用。一旦个人计算机迅速增加其功能和效用

（这一点多亏了摩尔定律[6]和新的商业软件应用程序），并且能连接到客户端与服务器网络，那么对 IBM 而言，曾经无处不在的大型机和中端系统的销量下降就只是时间问题了。

第二，也是更强大的转变当然是互联网，尤其是超链接互联网。世界上任何地方的任何计算机都能够与其他具有互联网连接功能的计算机互动。企业可以跨越传统边界，发现可以和客户互动的直接的和可衡量的价值，因为企业可获取客户数据并进行分析。很快，设计虚拟进程和虚拟工作场所也将成为可能。正如亚马逊不用准备任何库存就能成为一家成功的图书零售商，许多行业竞争的进入壁垒都在降低或完全消失。

这两个非线性发展间隔了十多年，却打开了企业的视野，使其发现了远离专门技术陷阱的可能性，同时也发现了同样吸引人的想法，即网络可能成为一种虚拟操作系统，并且在这个系统中，建立在标准协议之上的所有计算能力和应用都可以被高效率且低成本地使用，成本与实用程序的成本差不多。如今，这个想法我们称之为“云”。[7]

三个陷阱

虽然 IBM 内部有许多人清楚地了解了非线性变化的影响，但他们的洞察力还是难以突破根深蒂固的逻辑。过去的主流逻辑以三种独特但联系紧密的方式对商业文化和实践施加影响。我将这三种方式的动态效应看作为毫无准备的企业设下的陷阱。这三种方式有共同的思维定式，即过分重视过去的价值观、行为和信仰。

自满的陷阱

一个企业假设能确保未来成功的条件就是只要重复过去所取得的成功即可。这就是自满的陷阱。自满的情绪将未来隐藏在错误信心的迷雾中，阻碍了你对周围世界变化程度的清晰认识。

IBM 取得的非凡成功，也就是它在盒 1 的大型机业务中的收益掩盖了困难。IBM 没有勇敢地面对大型机业务即将到来的威胁，反而采取了临时打补丁的方式。其中一个补丁就是将盈利模式从租赁大型机改为直接将其出售。[8] 这在短期内产生了惊人的收入增长，也推迟了 IBM 接受"审判"的日子。

成功的企业往往格外忠诚于过去，从而非常轻易地忽视了盒 1 中业务出现的问题。IBM 没有选择一点点地创造未来，而是利用了相当于变更会计方法的方式延续了它过去的成功。由此产生的长达一年的收入增长很容易让公司认为"一切安好"——这四个字相当贴切地总结了 IBM 的自满情绪。

另一种了解 IBM 是如何陷入自满陷阱的方式是，公司在盒 1 中持续的盈利能力延迟了紧迫感的产生，这种紧迫感本可能激发公司在盒 2 中做出更有预见性的判断：积极投资客户端、服务器计算这一新的企业模式才是重点。

这就是成功的黑暗面。无论什么行业或公司，每一项重大创新都会使盒 1 的结构、流程和态度稳定积累，从而使人眼花缭乱，使公司陷入窘境。IBM 大型机不是简单的智能机器，多年来，它们在客户的工作场所建立了前所未有的全新的企业管理层。

大型机就像孤岛要塞，由新开发的 IT 功能保护和运行，除了通过 IT 代理，它无法访问其他的企业。如果一项技术可以体现一个管理理念，那么大型机的理念就与开放的、可访问的互联网完全相反。即使在互联网成为商业工具之前，几乎每家公司都已经在争取让员工的联网电脑能访问和使用有价值的大型机数据。这个日益高涨的需求与 IBM 的思维定式产生了冲突，IBM 的 IT 客户认为他们的使命是保护企业数据的安全性和完整性，而允许自由访问将导致数据损坏，并使“真相”变得不可靠。

事实上，客户可能在加深这个自满陷阱中发挥着重要作用。IBM 在建立一个根深蒂固的计算机化企业管理体系方面与客户合作。而这一系统的结构和态度就成了一个被它的大型企业客户不断增强的自我强化的反馈环路。

最终，一种更现代化的大型机版本出现，并能兼容其他 IT 基础设施。今天的版本都支持大数据分析和许多大型企业的其他应用程序，但在 20 世纪 90 年代的 IBM，这种更开放、更民主化的网络计算模式很长一段时间内都笼罩在大型机的阴影之下。

品牌替换的陷阱

品牌替换的陷阱总是让领导者认为，基于非线性思想的新商业模式将危及公司现在的繁荣。所以，就像攻击入侵病毒的抗体一样，他们通过抵制不符合过去模式的思想来保护盒 1 中的业务。

实际上，对品牌替换的恐惧反映出来的就是希望这个世界保持不变。对于这样的期许也许很容易理解，却难以为其申辩。对那些遭受这种恐惧的人来说，就该委婉地提醒他们，变革是不可避免的，无论有没有他们，世界都将会改变。当企业让品牌替换的担忧干扰到其战略时，它就已经对过去过度投资，这注定会危害它的未来。

品牌替换通常大家也都能理解，但同样也会被视为短期威胁而引起恐惧。正如 IBM 极具远见卓识地在 20 世纪 80 年代初期开发个人计算机时遇到的情况一样，在公司内部就有一股势力要保护传统业务。也许是担心公司会致力于满足企业日益增长的释放企业数据的需求，也许是担心公司会将注意力和投资转移到公司主导业务以外的业务上，那些对个人计算机心怀担忧的人认为它有可能会因此威胁大型机的计算模型。

对新技术存在恐惧心理的人对新产品会取代传统产品这一认识往往是正确的。事实是，无论什么样的闪闪发亮的新产品将要发布，盒 1 中的每个产品都有理由恐惧，有时甚至是讨厌。当史蒂夫·乔布斯大力推动麦金塔电脑的发布时，负责现有苹果二代产品的团队就感觉受到了威胁和削弱。这就像乔布斯为起义摇旗呐喊了一样。[9]

然而，实际上，品牌替换应该被理解成一种长远利益。新款麦金塔电脑具备了快速淘汰前代产品的新功能。如果苹果没有快速采取行动，那么任何一个竞争对手，甚至是 IBM，都会填补这项空白。

从 IBM 的历史来看，它对微型计算的涉足令人意外。但它很快就为个人计算机设立了标准，并很快让其成为一种被家庭和企业用户广泛接受的工具。虽然 IBM 的个人计算机的营销最初是倾向于家庭用户的，但其收入的大头则来自企业。突然间，在 IBM，至少有一部分人有理由全力支持客户端与服务器计算。无论大型机业务团队是怎么想的，客户端与服务器模式都是大势所趋。

所以，企业必须把对品牌替换的恐惧当作一个问题去处理，当新的非线性战略或商业模式提供机会时，恐惧不能成为你不采取长远措施的借口。

竞争力的陷阱

在当前，核心业务的积极成果促使企业把主要投资放进盒 1 中，并且当这种成果对刺激企业投资新的未来竞争力没有什么作用时，会出现所谓的竞争力陷阱。在一些取得巨大成功的企业中，诸如 IBM 被业内作为标杆的大型计算机，很自然地就会想打造一支能反映过去成功经验的工作团队。但是竞争力的陷阱是一把双刃剑。IBM 对盒 1 的投资有助于其大型机业务，但是盒 1 就会产生逻辑上的矛盾：为什么要投资对公司目前的盈利能力没多大影响的技术呢？这就体现了盒 2 的必要性。

IBM 最终认识到，它过去取得巨大成功所利用的主流计算模式正在发生改变。然而，尽管对强健的研发部门进行了大量投资，但要孵化出新的有价值的项目却变得越来越困难。研发部门正挣扎于寻找所谓的“下一个大事件”。[10] 公司似乎已经屈服于“4 只猴子”的价值体系。

由于认为确实存在系统性问题，所以首席执行官郭士纳任命了内部调查小组来寻找根本原因。这个由 IBM 公司战略主管布鲁斯·哈雷德领导的调查小组证实了郭士纳的恐惧。在参考了公司近期几个有瑕疵的新业务孵化案例后，哈雷德的团队得出结论，公司盒 1 中的主流系统、结构、流程和文化存在如下问题：

- 过于偏爱短期业绩。
- 将重心过多地放在现有客户和产品上，导致放在新技术和非线性趋势上的注意力过少或完全没有。
- 以不合理的高绩效目标增加新业务的负担，这对那些市场更新、风险更大但往往更有前景的项目伤害更大。
- 催生了一种缺乏想象力的市场分析方法，削弱了公司了解最有可能产生盒 3 非线性想法的“雏形市场”的能力。
- 干预新技术的发展。而这些技术是企业从初创、成长直到成为一家成熟企业所必需的。
- 由于盒 1 驱动的组织结构缺乏弹性，从而导致了很多行动的失败。在这种组织结构中，新投资项目的领导人“被寄予期望应超越……周围人对这些挑战表示出的担忧，其实就是一种示弱的表现，甚至成为新业务项目的主要障碍”。[11]

这份报告没有提及很重要的一点。IBM 的问题并不是缺乏研究能力，相反，它的员工在大多数学科和技术方面都掌握了大量专业知识。在它的研究项目中，有一些非常有前景，而另一些则是高度投机、未经证实且模糊的。但是由于以上所列的原因，即便是那些已成功吸引眼球的想法也只是在拙劣地开发和执行。IBM 需要的是一个精心设计的流程，以使用、支持和奖励公司内部那些特立独行的“猴子”，并可用于管理新投资项目的开发阶段。

这种流程通常应该包括一系列结构的、文化的和领导力的补救办法。两任首席执行官领导下的 IBM——先是郭士纳，后来是彭明盛，这些独特的补救措施都是基于 EBO（新兴商业机会管理流程）框架提出的，为守旧的 IBM 文化，以及更多样化和适应性更强的领导行为建立了新的构架，带来了新的改变。

挽救创新的工具

郭士纳于 1993 年从雷诺兹–纳贝斯克（RJR Nabisco）辞职来到 IBM，成为第一任不是按照公司执行等级晋升上来的首席执行官。以局外人的眼光来看，他的案例就被证明是一个重要的盒 2 中的举措。郭士纳的工作背景主要是 B2C（企业对消费者）业务，他曾经在美国运通任职。尽管他最初的责任是拆分 IBM 并出售其部分业务，但他留意到了客户的意见，所以决定保持公司的完整性。他现身说法，让 IBM 更注重以客户为中心，并强制性改变其文化，让 IBM 表现得更加谦虚：认识到自己可以向客户学习，并甩掉那些自以为是的自信。郭士纳将 IBM 从一家以自我为中心的软硬件企业转变成一个软硬件服务供应商。公司的新使命是帮助客户从企业大型机陈旧的、封闭的世界转移到计算机互联的、开放的、非专有的世界。在互联网中，客户的企业架构、流程和商业行为可根据需要灵活重构。

到20世纪90年代末，郭士纳已经扭转了IBM在盒1中骄傲自满的表现，将公司从其史上最严重的亏损中解放出来。然而，意料之中的是，盒1中的重心转移产生的后果就是造成了对短期执行情况的加倍关注，这就不可避免地导致了盒1中的业务部门领导低估了盒3项目的投资价值。所以为了成功地开创未来，郭士纳必须采取盒2中的行动。

从哈雷德报告的结论入手，郭士纳下令组织了一个项目组，开发出一套内容全面的机制解决方案，用来解决发展新兴业务的各方面问题，包括从想法的产生到试验和孵化，再到发展和成熟的收益表现。EBO成为一种忘记过去的工具，EBO框架的关键就是认识到处于不同发展阶段的投资项目需要配合不同的策略、管理方法和绩效考评标准。

盒2实际就是为了增加开创未来的可能性。总而言之，在郭士纳（于2002年退休）和彭明盛（于2012年退休）两任首席执行官的带领下，仅一项指标即可充分说明，这家企业不仅得到了修复，而且得到了彻底的更新：1993—2012年，IBM的股票价格从13美元涨到193美元（在过去20年的时间里，市值的年复合增长率达14%）。并且，IBM做到了实时地紧跟它的客户及客户的客户生意方式的变化。

在接下来的介绍中，我们将通过IBM普适计算[①]业务的视角来探讨EBO。哈雷德在他的报告中谈及错过的机会时，专门把普适计算单元从众多例子中单独挑出来加以阐述。普适计算单元中未被完全开发出来的

① 所谓普适计算，指的是无所不在、随时随地进行计算的一种方式。——编者注

潜能使其可以完成很有价值的试验，以检验 EBO 方法背后的想法。为了改变其命运，IBM 在 2000 年初将普适计算单元加入 EBO 框架中，成为 IBM 孵化出的最成功的 EBO。

从 1993 年起，IBM 开展了大量完全不同的研究计划，这些计划都和普适计算的概念相关，它还被称为 Tier 0。（Tier 的分类中，Tier 3、Tier2、Tier1 分别代表大型机、中端系统和个人计算机。）这些项目的目的就是研究和开发新技术，而这些技术都是基于一种想法建立的，即互联网商业将会很快渗透进计算机以外的其他设备，从手机、平板电脑到汽车、家电以及其他联网设备。所以，它被称为“普适计算”。[12] 现阶段最贴切的例子就是车载联网快易通收发器（E-ZPass），可以自动从驾驶员的银行账户中扣除高速公路通行费。

在最开始的几年，普适计算单元推动难度很大，因为非线性计划都被交给了盒 1 中的业务团队，这些团队都是应用一系列过去的开发方法，最典型的就是常常陷入“4 只猴子”的困局。高级管理人员认为，Tier 0 是一次极具潜力的商机，可以在一个 EBO 框架下统一和协调不同类型的项目。

EBO 旨在通过开发创业友好型的结构以及在组织、领导、管理、资源分配、战略发展、绩效考量和绩效激励等领域开展一系列独立的实践，以提高 IBM 对新业务发布的跟踪考评效果。

值得再次强调的是，盒 2 中的补救办法并不是为了消除盒 1 中的技能和价值观，这些技能和价值观还继续为企业的绩效引擎提供动力，而是为了创造出允许盒 3 中的非线性创新蓬勃发展的保护性结构和替代性竞争力。

组织能力与领导力

EBO 框架的第一个原则是明确认识新兴投资项目的独特要求。它们需要受到保护从而免受盒 1 中业务管理规则的影响。在早期阶段，它们在奢侈的耐心中茁壮成长。因此，它们不是为了赚钱，而是为了学习。它们采用的结构形式在迭代试验中有利于清除（摆脱过去的限制）思维定式，明确行动职责。当新技术还是非线性且未经过测试，并且当市场像普适计算部门正在考察的一样，还未定义且仍在不断发展时，忘记过去是必要的。因为普适计算单元的经验表明，强迫一个仍未孵化的企业过快地进入雏形市场对其伤害是很大的。

IBM 没有让负责绩效引擎的部门主管掌管普适计算部门，而是将它分配给一个专门小组，该小组直接向副主席约翰·汤普森汇报项目进展。在 IBM 内部，汤普森在成功带领团队完成具有挑战性的项目方面享有盛誉。这一举措保护了普适计算单元免受盒 1 中业务底线压力的影响。（如果上述比喻中的每只新猴子都没有被现有团队洗脑，那么所有猴子将会有不一样的表现。）

郭士纳（以及之后的彭明盛）按照两个标准仔细挑选 EBO 的领导者：他们需要成为能够挑战 IBM 正统观念的变革者，同时能够利用盒 1 中业务的核心资产。毕竟，普适计算机会无限，需要众多 IBM 业务部门的资源和能力与之匹配，它不能单独归属于任意一个业务部门。

郭士纳聘用在 IBM 工作了 21 年的老员工罗德尼·阿德金斯，他于 2001 年夏天接管了普适计算部门。郭士纳将阿德金斯视作一位技术过硬的专家，一位敢于冒险且极具领导天赋、立场鲜明的领导者。而阿德金斯让 IBM 的网络服务器业务起死回生。在 IBM 这样的公司中，部门领导人的选择非常重要。阿德金斯回忆说："（IBM）选择了公司最好的领导人来负责 EBO，这就向公司内部发出了一个强烈的信号——我们对待 EBO 计划是认真的。顶尖人才总是供不应求，所以郭士纳亲自参与了 EBO 领导层的任命。否则，核心业务部门的领导是不会放弃自己团队的人才的。"最重要的是，这样做才会让顶尖人才愿意冒险尝试。

阿德金斯表示，当时要求他离开自己已经管理得非常成功的业务团队，他是有一些保留意见的，毕竟当时这个业务在公司业务中占了很大的分量。但是，在与 IBM 高层领导谈话之后，他就被说服了，领导们告诉他，IBM"正在向普适计算部门做出一个非常真实的承诺，而聘用你当领导人就足以说明一切"。

阿德金斯的任命向公司内外部都表明了 IBM 对普适计算部门的承诺是真实和长期的，而且因为阿德金斯熟悉绩效引擎的方方面面，所以他可以根据需要更好地掌握公司内部的资源和人才。迟早有一天，每个 EBO 都会用到 IBM 深层的职业技能和专业知识。局外人也能够在绩效引擎的资源被有效借用时，对普适计算部门建立起信任和信心，而在盒 1 中根深蒂固的文化在重量级领导面前也很难再说"不"。

确实，工作多年的老员工更倾向于背负过去成功的包袱。为了杜绝这个问题，郭士纳和彭明盛在内部寻找和发现愿意接受改变的员工。EBO 计划也进一步利用其架构——包括结构、流程和管理文化——保护自己免受过去包袱的影响。此外，汤普森还宣扬选择性地忘记过去的好处："公司中有些人不喜欢 EBO，他们太顽固了，所以我不得不继续给他们普及 EBO 的好处，偶尔也要抓个反面典型，把某个人'打入冷宫'。"[13] 郭士纳也做出了一个类似的回应："IBM 的首要问题是收入增长。经理们必须明白，如果他们只关注自己的核心业务，就不会成功。"[14]

新兴业务的领导层要对孵化的成功负有重要责任，他们必须改变公司文化，用一个包含重要新思想和新方法的故事来替代旧的成功故事。

短期目标就是说服整个公司接受在 EBO 核心的非线性创新中出现了潜在且强大的继任者。新的故事虽然不会完全取代旧的故事，但对于长期改变而言却是一个很有力的手段。而且领导者的工作就是以明确的思想和信念来表达对 EBO 的支持（想了解微软首席执行官萨提亚·纳德拉是如何改变微软的故事，请参阅专栏：振兴微软）。

振兴微软

随着微型计算机的不断发展，微软在 MS-DOS 操作系统的基础上开始进入飞速发展阶段。在早期，微软通过捆绑的 Microsoft Office 组合办公软件巧妙地填补了个人计算机用户对关键功能的需求。当然，Microsoft Office 的成功要部分归功于它与 MS-DOS、随后的 Windows 及其后续操作系统的完美兼容。

为了最大限度地发挥这种优势，微软让计算机制造商捆绑其产品，包括 Office、最后的 Internet Explorer 浏览器以及操作系统。

计算机制造商虽然对此感到很恼火，但它们知道微软的这些产品当时确实为客户购买计算机提供了很有说服力的理由。微软和计算机制造商的利益就此交织在一起。到 20 世纪 90 年代初，微软在盒 1 中的业务——Windows 系统的计算机——占据了市场的主导地位。

然而，在随后的几年里，微软似乎有些迷失方向。正如比尔·盖茨在《未来之路》[①] 一书中承认的那样，互联网作为新兴计算平台迅速崛起，以及网络浏览器被作为实际的操作系统，这两件事把他和微软打得措手不及。微软艰难地试图赶上。Internet Explorer 的工作团队建立了一个 11 小时的工作模式，以保证始终与变化的世界保持紧密的联结。因为硅谷的创业公司正在不断取得突破，并掌握了进攻节奏。

为什么一家非常成功的企业会失去预测未来的能力？因为未来的弱点其实就隐藏在当前的优势中。盒 3 中的创新是从盒 2 中的补救开始的。但微软没能及早掌握足够的弱信号，即一旦用户有了更小的、更方便的计算平台，个人计算机的销量总有一天会下降的。而个人计算机是微软成功的基础。所以“忘记”是一项重大挑战。

---

① 维韦克·瓦德瓦，亚历克斯·萨尔克弗.未来之路：科技、商业和人类的选择［M］.王晋，译.北京：中信出版集团，2018.

自 2000 年以来，微软试图在几乎所有新兴技术领域进行竞争：搜索、数字音乐、智能手机和其他移动平台、云计算、社交网络以及社交网络中发展迅速的敏捷应用程序开发技术等。相反，微软为向设备端转型而“仿造”的设备，却没有对他人已有的创新做出什么实质性的改进。现在，微软正处于一个生存转折点的顶端，从某些方面看，有点类似于 IBM 在 20 世纪 90 年代面临的情况。

像 IBM 一样，微软并没有对新兴技术盲目跟风。但是在盒 2 中，特别成功的公司就必须克服额外的阻碍，才能保证成功孵化和利用新的非线性思想，而硅谷里那些毫无包袱的初创企业则可以发展得更快速，且适应良好。

在新任首席执行官纳德拉的带领下，微软正准备在盒 2 中大刀阔斧地干一把。2014 年 4 月，在上任仅仅两个月后，纳德拉就宣布微软将不再对智能手机和小尺寸平板电脑的制造商收取 Windows 操作系统的费用，以此激励更多的开发人员为移动设备上的微软平台开发应用和服务。这实际上违背了微软的初创原则，即开发收费软件，但它为纳德拉的愿景——微软必须在“移动第一，云端第一”的世界中茁壮成长——争取出必要的发展空间。[15]

纳德拉正以其他方式改变故事：

- 他已经将一度与微软争长短的公司（例如甲骨文）转变为合作企业，有的甚至建立了合作伙伴关系，并预计这种联盟可能会让微软的产品更上一层楼。
- 在一个他称为“困难但有必要”的行动中，他裁减了 18 000 名员工。[16]
- 他打破了微软中可能抑制盒 3 计划的部门壁垒，例如，鼓励研究人员和产品工程师之间密切合作。
- 他对新产品“小瑕疵”的低容忍度（例如那些影响了 Surface 平板电脑使用体验的小瑕疵）提高了整个公司的质量标准。
- 在和公司员工的沟通中，他多次呼吁员工接受创新，而不是拘泥于传统。

纳德拉在微软官网上写道：“我们的野心很大，我们的愿望就是改变和改进企业文化。在我们的办公桌上，关于如何看待转变企业文化来实现核心战略这件事，没有什么是不可以说的。公司会改变。工作职责将会改进。我们会发展新的合伙关系，质疑式微的传统，调整重心。要开发新的技能，倾听新的想法，招聘新的员工，简化流程。如果你想在微软茁壮成长并且改变世界，你和你的团队就必须提出更多的改进之处，并且是你们有热情推动的改变。”[17]

> 微软的这个新故事正在取得成效。在纳德拉的领导下开展的革新，比如 HoloLens（计算机控制的“智能眼镜”）、触屏版 Microsoft Office 和 Skype Translator（实时语言翻译工具）等，正让客户产生一种曾经只在面对苹果产品时才有的兴奋。

改变故事意味着什么？在 IBM 任职的早期，郭士纳注意到的第一件事是，高级管理人员习惯于在 IBM 主持的客户活动中稍稍露面，然后没有花任何时间与客户交流就匆匆消失，总给人留下一种印象：这些高管好像总有更重要的事要做。而最喜欢了解客户想法的郭士纳则觉得这很可怕。根据 IBM 加拿大分公司前总经理比尔·埃瑟林顿的回忆，当郭士纳知道即将举行为期三天的 IBM 大会，并邀请了 300 位北美地区的首席信息官时，他告诉行政人员：“这些是你们的最佳客户……整个会议我都要参与，头天晚上我就会在那儿，与他们一起吃晚餐，再和他们一起吃早餐，然后是午餐。任何想要出席的 IBM 主管都得待整整两天。”[18]

埃瑟林顿说，在会议期间，郭士纳“与客户交谈，并且开始点公司主管的名，‘这位主管将会为你解决这个问题，并且今天下午就会回复你’。这简直闻所未闻，首席执行官竟然亲自与客户交谈！这一下子就在公司内部引起了轰动”。[19]

改变文化从来不是一件快速或简单的事。显然，在试图通过改变故事来埋下新文化的种子时，像郭士纳这样明确清晰的领导力就必不可少了。根深蒂固的文化有着热烈的、条件反射式的忠诚度。有时候，没有什么比用“轰动”来引起人们的注意更合适的方法了。

事实上，任何其他类型机构的领导者都应该了解时不时引起轰动的价值。例如，自教皇方济各的任期开始，他就一直在改变天主教会的故事，他大声地、公开地挑战天主教会根深蒂固的保守派的主流逻辑。他把教会的文化转向宽容、开放和交流，他强调谦卑和牧师服务的重要性，而不是仪式的盛大威严以及教义的严格执行，从而为教会注入了新的活力。重要的是，面对那些高度质疑其改革的人，他直接将他们从梵蒂冈的高位上降级成卑微的哨兵——相当于被“打入冷宫”。

战略发展与资源分配

在盒 1 的业务中，战略的变化是线性的，并且涉及的都是熟悉的参数，比如，相对稳定的市场、需求已确定且能明确理解的现有客户群、依靠经过时间考验的系统和流程而有效运行的商业模式。但是盒 3 的发展战略是不一样的。制定新战略流程的第一步是在盒 2 中采取行动：放弃传统做法。

一旦普适计算单元被纳入 EBO 流程，它就会采用一种独立于盒 1 预期的运行结构。也就是说，这个投资项目将会朝着一个以投资模式运作的发展部门的方向发展。因此，其员工有机会耐心地进行试验，评估还不稳定的市场，然后完善战略。

尽管围绕类似的研究项目建立一个圈子的想法已经启动，但是当前的这些项目（每个都有不同的来源）之前一直是相互竞争而不是合作的关系。作为团队的领头人，阿德金斯召开了一系列内容严格保密的会议，将独立的项目纳入统一战略部署。这样做成功地将 IBM 盒 1 中的资源借用到普适计算单元团队中。

在这些会议中，普适计算单元采用了代码协作开发的流程，这一流程也成为 IBM 以客户为中心的全新服务方式的标志：按区域与选择的客户合作进行市场测试。普适计算单元对这些区域丰富的机会非常看重。不同于传统的侧重于现有客户群体需求的大型机业务，普适计算单元正在争取新客户，在许多情况下，这些客户几乎没有表达出他们的需求。代码协作开发是一种有效提升 IBM 对正在形成中的市场的洞察力的方式。

阿德金斯说："我们所做的一切都是从一个市场试验开始的。"例如，一个普适计算单元的团队与某移动手机供应商合作，开发一个新的移动平台，能够以多媒体格式呈现丰富的数据。这一流程就涉及为该客户定制服务，满足其个性化要求。阿德金斯还说："在那之后，我们会将其优化成可以提供给其他客户的产品。"

普适计算单元最初确定了 4 个有发展潜力的平台：移动电子商务、智能卡、住宅网关（数字家庭设备的集成，如电视、计算机、家庭娱乐系统和家用电器）和远程信息处理（汽车内部计算，例如全球定位系统等）。然而，在进行市场试验后，该团队决定专注于移动电子商务和远程信息处理业务。

所有 EBO 都需要进行市场试验。迭代试验成功的保证就是保持谦虚，它要求你承认你还不知道的事。它也是一种降低盒 3 固有风险的方法。普适计算单元的市场试验结果用相对较低的成本增长了团队的知识，同时有助于加强特定的产品创新、服务产品以及战略本身。

这也说明了盒 1 和盒 3 之间的关键区别。在盒 1 中，从一开始战略就很清晰（稳定的市场，熟悉的客户，经过时间考验的流程），而在盒 3 中，如 EBO 的经验所示，必须经过试验、假设测试和学习之后才能使战略逐步清晰。

普适计算单元以这种方式开发的很多技术——首先用在个体用户身上，将其当作对用户潜力的测试，然后在其他用户身上如法炮制——都依赖 IBM 既有业务的专业知识。因此，战略的迭代与阿德金斯带领的部门能否与公司其他部门取得合作有一种直接的联系。阿德金斯说："在很早的阶段，你就要学会管理不直接归属于你的资源。"

普适计算单元获得资源的过程与盒 1 中常用的获得资源的方式不一样。对 EBO 的投资不是基于详细定量的理由或者类似内部收益率和净现值这样的指标，而是基于两个简单的判断：想法的吸引力以及团队的业绩记录。原始资本在进入正轨之前会投资许多小型的、低成本的试验，探索不同的方向。投资会随着不确定性的减少和战略清晰度的提升分阶段进行。指定用于该部门的资金会被"隔离起来"，也就是说，它们不能重新回到盒 1 中去。部门直接向汤普森汇报就能保证这一点。正如阿德金斯所说，"我的资金相对得到了保护，这个很重要。否则，当事情变得困难时，公司很自然就想把注意力转向已经尝试过且被验证过的核心业务上。EBO 流程使我们在资金方面能得到保证，能有足够的资金用于寻求新的发展"。

绩效考评与监控

EBO 流程的一个核心观点是：IBM 面临着只有一个绩效考评系统的问题，无论是哪个业务部门，发展到哪个阶段（新兴、成长和成熟），都必须遵循这一系统。EBO 框架中包含了盒 2 的补救措施：放弃将传统短期财务指标作为评估唯一依据的做法。

新兴业务的绩效应该根据团队从试验中学习和解决不确定性的程度和速度进行评估。如果在盒 1 中一个成熟业务的高级管理人员可以准确预测并轻松地通过数字衡量业绩，那么像普适计算单元这样的投资项目组最好通过衡量其仍然改进中的战略在灵活适应新信息方面的表现来做出评估。

当分管的公司高管（汤普森以及后来的哈雷德）会见阿德金斯和他的资深团队时，他们关注的重点是市场试验和通过其他方式获取的新视角是如何增强战略发展和市场发展的。

在如何跟踪部门进度方面，阿德金斯表示："重点不再放在纯粹的短期财务指标之上。"相反，EBO 管理团队及其分管高层赞同使用基于项目的发展指标来衡量绩效。阿德金斯说："这些发展指标是未来利润的主要指标。"这些指标包括试用产品的客户满意人数以及在主流媒体上的出现次数。"约翰 · 汤普森推动我们测试了战略背后的基本假设以及测试程度。"他补充说。

为了保持势头，阿德金斯强调了庆祝和宣传每一个发展指标成功完成的重要性。只有知道自己正在朝着正确的方向前进，团队成员才有动力。在得知一些新的、与公司其他部门相关的项目正在取得进展后，团队的其他成员也会从中受益。

随着EBO部门实现了越来越多的发展指标，它也开始考虑财务指标，并且越来越严格，并明确了从学习到实现盈利的步骤。培训阶段提早结束了，EBO部门准备直接"毕业"跨到成长阶段，最终成为一个成功的绩效引擎。

阿德金斯表示，在像IBM这样的大型企业中，这些过渡点至关重要，每个点都标志着条款和条件将发生变化。阿德金斯说："不同发展阶段的业务需要有恰当的管理和评估实践的成功支持。现有的和新兴的商业机会在IBM的目标是一致的。世界永远在变化。今天的新业务将会是明天的核心业务，推动着寻找下一个大事件。"

阿德金斯还说道，管理一个"在不同规则下运作的"业务组合真的不是件容易的事。"盒2的实施在有着悠久成功历史的企业中尤其困难。EBO框架是克服盒2挑战的一种方式。EBO流程的优点在于，由于得到了高层领导的支持，因此即使要保持企业的核心业务（盒1）绩效卓越，它也能够在追求新市场的过程中努力解决困难和挑战……今天，当你再回头看的时候，EBO的哲学已经成为我们文化的一部分。"

深入EBO框架的核心，IBM设计的其实是一系列反映了盒2核心功能的活动，即忘记过去——对未来的规划做出不偏不倚的判断，同时也不会干扰现阶段的重要业务。

IBM的新挑战

2012年，弗吉尼亚（吉尼）· 罗曼提接任彭明盛成为IBM新任主席、总裁兼首席执行官，也是担任这一职务的第一位女性。她的前四年任期被公认是极具挑战性的。一些新兴业务的增长速度非常乐观，而曾经一度被视作摇钱树的业务却遭遇着令人沮丧的下跌。

郭士纳和彭明盛关注了20年的转型并没有把重点放在那些面临淘汰的业务上，相反，他们转型的目的是创建一套新的结构、思维方式和管理流程，以保护新兴业务免受盒1的影响和干扰。在任职期间，罗曼提已经能够推出新兴业务线，同时也进行了一些裁员和业务剥离，包括将IBM的个人计算机业务卖给中国的联想集团，以及将半导体部门卖给位于加利福尼亚州圣克拉拉的格罗方德（GlobalFoundries）公司。

2015年4月，《华尔街日报》的一篇文章总结了罗曼提的挑战："她的任务与之前的首席执行官不同，他们也重塑了IBM，但主要是转向可能迅速占主导地位的新市场。而罗曼提女士正在俯瞰一个更根本性的转变，即将IBM变成一家在其非强势领域中也具有竞争力的企业。"[20]

当然，目前她还没有这样的能力。在成为首席执行官之前，罗曼提支持IBM进军云计算和云分析等新兴领域，因为在这些市场中，IBM有占据主导地位的潜力，但是她也主张改进公司传统的大型机业务。正如我之前所说，"三盒"解决方案追求的是盒1和盒3的共存，而不是互相竞争。正如阿德金斯和其他人所说，每一个盒子都有自己的价值。

当郭士纳上任时，IBM也处于同样的过渡阶段。现在，就如当年一样，是新兴业务与传统业务的混搭。正如个人计算机威胁到蓝色巨人大型机和中端产品线，云计算和真正的多平台普适计算现在威胁到了传统的硬件和软件产品。在IBM，与其他行业一样，从“模拟美元”的收入模式转向“数字便士”的收入模式正在全面展开。这对收入是有影响的。截至2015年初，IBM的收入连续12个季度下滑，股价下跌了9.6%。[21]

2015年7月，《纽约时报》的一篇文章报道了这样一件事，让IBM的品牌替换迫在眉睫：“技术的主要趋势对IBM而言往往既是机遇也是威胁，最值得注意的是，作为云服务的远端数据中心正在进行的软件转型，会压制IBM传统软件的需求，并削弱其在企业客户中的定价能力。”[22]

根据盒1的软件业务判断，向新的收入模式的过渡类似于挑起了一场战争。但企业是一个统一的实体，像罗曼提这样的领导者承担着发展未来和培育新增长点的重任。品牌替换是一种不可避免的趋势，一种应该被管理而不是被否认的力量。随着越来越多的企业把目光放在云技术上，IBM的客户也将需要新的软件交付和支付模式。

《泰晤士报》的一篇文章指出，IBM 2015年第二季度的云计算收入同比增长了70%，这让人们更有理由相信，技术作为一种计量工具的想法已经触手可及。无论改变发生得快与慢，它都是不可避免的。不接受品牌替换只能说是意气用事。罗曼提是一个目光长远的人，她将会带领IBM昂首阔步地走向未来。

在第四章中，我们将会讨论现在是如何为未来打下坚实基础的。

〉 本章要点

- **在进入盒3前，请先进入盒2。**

  学习之前先忘记，并且学习需要你谦卑地承认，你还有很多事情不知道。尤其是当你在盒 3 中开始不确定性最高的投资项目时，这是必不可少的。因此，你需要有空杯心态。在你能创造新事物之前，你必须把施加给你思想枷锁的主流逻辑从盒 3 中清除干净。否则，你的学习能力将严重受到制约。

- **再沉重的枷锁都有被打破的一天。**

  企业发展的时间越长，其成功的传统影响就越深，在盒 2 中克服主流逻辑的挑战就越大。在 IBM 将自己重新改造为互联网时代的软件和服务企业之前，它不得不放下一个越来越危险的想法：客户将继续长期使用集中式大型机。盒 2 意味着要有勇气看待从多个方面对未来造成破坏的过去。

- **因此，三个陷阱——自满的陷阱、竞争力的陷阱和品牌替换的陷阱——并不是毫无根据的异常现象。**

  它们是不可避免的且自然产生的现象，必须理解它们并从正面击破。在平衡三个盒子之前，企业总会坚持不懈地在过去取得过巨大成功的战略、技能和制度上进行投资。

- **盒1总是会害怕和讨厌品牌替换的前景，但品牌替换势在必行。**
  IBM 对新战略业务线的投资，包括大数据分析、云计算和移动平台的广泛集成，对一些传统业务的盈利性产生了负面影响，但这不是避开新技术的借口。

- **制定新战略的第一步就是放弃传统的规划过程。**
  如果 IBM 仍然把传统的规划制度应用于新兴企业，普适计算单元将永远不会知道，市场试验是一个在萌芽的市场中实现战略清晰的理想方式。

- **盒1的业务部门不能执行盒3的非线性创新。**
  盒 3 的每个项目都必须遵循由其特定的愿景和规范定义的从零开始的方法。专门的团队至关重要。要成功建立这样的团队，需要使用盒 2 作为有效的筛选体系，找出标准的公司结构和先入之见，然后用专门设计的结构和不受主流逻辑支配的开放思想代替它们。

- **在此基础上，盒3必须丢弃在盒1中最基本的严格的问责制度。**
  相反，在盒 3 中，应该允许进行有关潜在非线性转变的预测，这对盒 3 的成功至关重要。这些猜想最好用行之有效的试验进行测试。

〉工　具

工具1：评估企业在盒2中的挑战性

选择性遗忘从识别盒 1 中绩效引擎的各个方面开始，因为绩效引擎威胁着盒 3 中思想和行动的发展。领导者必须问如下几个问题：为了迈向未来，我们应该忘记哪些策略、结构、培训、绩效指标或其他要素？以下讨论话题可以帮助你的管理团队克服“忘记过去”的挑战。下列哪些描述符合你的企业？（用 5 分制进行程度评价，1= 完全不同意，5= 完全同意。）

- 我们主要从内部提升。
- 我们有同质的文化。
- 我们有强势的文化。
- 我们的员工都长期在公司任职。
- 除了入门级职位外，我们很少从外部聘用人员。
- 即使我们聘请外人，也有很强的社会化机制。
- 我们一直有成功的历史。
- 我们的主流逻辑是：不要干扰过去的成功。
- 我们的高层管理团队都长期在公司任职。
- 我们的高层管理团队主要从事的领域就是我们竞争的行业。

- 我们很少从外部聘用人员到我们的高层管理团队。
- 我们有强大的业绩焦点，可以满足短期财务目标。

如果这 12 个描述中，你的总分在 36 分或以上，你的公司在忘记过去时就将面临巨大的挑战。在这个环境中你会如何引领变革？

工具2：找出公司在盒2中的信念

（该工具由赫尔克·费伯推荐）
坦诚地看待那些支配公司决策的枷锁和正统观念（不能被挑战的不变真理）。像 4 只猴子的故事一样，这些“真理”有时是看不见的、无声的。创建“三盒”解决方案的一个目的就是让枷锁变得清晰可见，让你能在盒 2 中通过有规律的措施来改变这些“真理”。

这些枷锁对企业、客户、竞争对手、监管机构等的信念都有着潜在的限制力量——保持主流逻辑的地位，杜绝未来价值创造可能性的所有假设。管理团队可填写表 3-1（可添加其他范围，如“技术”）。

表 3–1　我们在盒 2 中的挑战

范围	枷锁或存在潜在的限制信念的体系	对盒 3 可能存在的潜在影响
企业	“我们公司是世界上最好的企业”	• 外部合伙人的范围有限 • 非我发明症 • 从市场弱信号中获取的信息有限，比如从竞争对手那里学到的东西有限
客户	“我们的客户都忠实于我们”	• 对新客户的关注有限 • 将与客户的长期关系看作理所当然，然而实际可能并不是这样
竞争对手	“我们永远也赶不上市场领先者”	• 不敢大胆押注 • 低估了内部特立独行的思考者的力量
监管机构	“他们绝对不允许这样”	• 对其他可以达成目标的方法视而不见

资料来源：由赫尔克·费伯推荐。

工具3：找出公司的变化，促进盒2和盒3的思想

- 萨提亚·纳德拉改变了微软的故事，让其接受变革和协作开发。简短地描述你的企业故事。它是否需要改变，以便能利用盒 3 的力量？如果需要，应怎么做？
- 盒 3 的成功取决于盒 2 的行动：忘记盒 1 中商业模式的核心定义和手段。当定义一个商业模式基本问题的答案像第二天性一样根深蒂固时，战略本身也能变成一种正统思想。这些基本问题包括：谁是我们的客户？我们提供什么价值？我们如何提供这个价值？在盒 3 中，必须要能自由地回答这些问题，即便做出的选择可能动摇核心

业务的收益。那么，你必须进行哪些组织上的安排如体系、结构和流程，才能消除盒 1 商业模式的主流逻辑对盒 3 的影响？

- 在盒 3 中，必须认识到不同的业务模式对竞争力有不同的要求。你的人才招揽流程必须做出什么样的改变，才能在盒 3 中摆脱旨在维持核心业务保持卓越的招聘方式和策略？
- 你必须对绩效管理体系做出哪些改变，才能忘记盒 1 经过验证的商业模式，转而去探索新的可能性？
- 作为盒 2 行动的一部分，找出绩效不佳或不再适应公司发展的业务线（如本章前面讨论的 TCS 呼叫中心业务的案例）。这些是业务剥离的备选项。

第四章

管理现在

因为大多数企业几乎将精力都集中于盒 1，所以在讨论“三盒”框架时，我倾向于强调盒 2 和盒 3 中的工作。事实上，我认为这三个盒子都是打造未来业务的基本工具。然而，盒 1 的绩效引擎在开启和支持盒 3 创造力方面也起着重要的作用。因此，如果盒 1 中业务绩效不好，那么在盒 3 中的工作也会变得更加困难。

以最高效率运作盒 1，因为盒 1 是公司的“现金牛”。在盒 1 中，源源不断的收益支撑着持续不断的线性改进创新，旨在改进当前的产品结构以及优化现有的商业模式。盒 1 也是盒 3 中商业投资的重要资金来源。此外，正如我们在 IBM 的案例中看到的，盒 1 还可以提供特殊的专业知识或市场通道，用于进行最终可能发展成未来业务线的各种非线性试验，比如普适计算单元孵化的那些非线性试验。

盒 1 的价值的确非常重要。我曾与印度班加罗尔的 Adobe 软件系统的总经理乌曼 · 贝迪共事，他一直执着于盒 1：“优化盒 1 的绩效需要和主要领导者一起建立一些运作机制，并且每星期审核一次关键指标。他还需要花时间与员工在一起以确保他们真正地完成工作。”他很清楚，没有盒 1 的忙碌就没有盒 3 的未来。

所以当盒 1 中的业务急转直下或绩效引擎随着时间的推移无法在最高效率下运行时，修缮就成了一件紧迫的事情。在本章中，我会带大家深入了解全球最大的设备租赁公司联合租赁公司（URI）如何重建盒 1 中的业务。当然，它的直接目标是改善短期业绩。首席执行官迈克尔 · J. 尼兰明白，如果不先修缮好盒 1，完成长期增长目标是不可能的。

联合租赁公司的例子让我们了解了有纪律地执行是如何恢复盒 1 性能的。它还说明了一些有独特价值的方法，其中盒 2 中的选择性遗忘对不断改革和振兴盒 1 的性能是不可或缺的。

过去，我认为盒 2 中的工作几乎完全是为了支持盒 3 中的未来。但是，良好的理论必须能灵活地运用于实践。我从联合租赁公司的经验中学到的一些东西帮助我重新思考并扩展了我的想法。所以我现在将三个盒子的相互关系看作一个更加动态平衡的过程。每家企业，每一天，都在把握、忘记、打造线性的连续的现在和非线性不连续的未来。

危机

并购交易崩溃、领导层出现真空、严重的经济危机大幅削弱公司的核心业务，这三种情况在 2007—2008 年以迅猛之势接连对联合租赁公司造成了打击，致使该公司的股价从每股近 35 美元下跌至 2009 年 3 月份的不到 4 美元。然而，联合租赁公司在过去几年中以极具弹性的、有力的和创造性的战略验证了一个不可思议的假设：遭遇重大挫折不气馁，反而可以因祸得福。

然而，随着三重威胁的发展，联合租赁公司当时的代理首席执行官尼兰看到的是正在打乱公司发展势头的多重危机。很快，尼兰以及新当选的董事会主席詹妮·布里特尔在盒1中采取了超乎寻常的重建工作，让联合租赁公司变得比以往任何时候都更强大、更智能、更健全。最重要的是，这一转变让公司远离了危机的冲击，并为完成盒3中的想法和机会做好了准备。到2015年，其股票价格已攀升至75美元（6年时间市值增长了近25倍）。

联合租赁公司（2014年收入为56.55亿美元）是世界上最大的为工业和建筑公司、公用事业、政府机构和其他组织提供设备租赁的供应商。[1] 其业务涵盖各种产品类别，（截至2015年初）已出租超过43万个单位，这些原始设备总价值约84亿美元。联合租赁公司的可租赁设备包括挖掘设备、升降机、电动工具、暖通空调系统、电泵和安全装置。

联合租赁公司成立于1997年，主要通过有针对性的并购实现了迅速发展（在前6年完成了250宗并购）。这些并购增加了客户数量，强化了地理优势，提升了企业能力。联合租赁公司在一个主要由许多小型本地企业组成的行业中，它的发展战略强调尽快实现全国性规模，[2] 1998年的收入达到12亿美元，在公司成立的头两年，联合租赁公司就成了美国最大的设备租赁公司之一。

2007年，联合租赁公司引起了私募股权公司的关注，成为其潜在的收购目标。7月份，博龙资产管理公司（Cerberus Capital Management）提出以每股34.5美元的价格收购联合租赁公司。11月，就在交易即将结束时，博龙却以不明原因突然撤回了收购请求。联合租赁公司遂起诉博龙违约。12 月底，法官裁定只要博龙支付 1 亿美元的分手费，它就有权撤资。

交易的取消令人震惊。在 2007 年的夏天，联合租赁公司预期肯定会被收购，公司董事会和管理团队正在为新老板的到来做好准备。事实上，在过渡期间，公司的创始人、董事会主席以及管理层已经辞职，尼兰从首席运营官晋升为代理首席执行官，负责对公司的收购进行严格评估。

出售公司的消息短期内受到了特别关注，收购本身就成了一项重要战略，其他业务都显得无足轻重了。许多在任的董事会成员正在寻找未来的落脚点，而那些还想留下的人只能猜测新老板会做些什么。但到了 2008 年 1 月，这一切都改变了。当博龙放弃收购时，公司的前进势头戛然而止。联合租赁公司没有常任首席执行官和董事会主席，几个董事会职位也处于空缺中，整个公司的员工都担心接下来会发生什么。

在设备租赁行业工作了 30 多年的尼兰于 1998 年加入了联合租赁公司。在接下来的 10 年中，他与公司及周围的员工培养了深厚的感情，他知道他需要采取果断的行动来改变公司目前的境况，即从失败的收购中走出来，直面接下来将要发生的一切。没有时间去研究出了什么问题。他说："你不能改变过去，你只能改变未来。"[3]

尼兰过去一直负责运营工作，并不是一个战略家。"没有人会问一个首席运营官的想法，他们只会要求他执行。"他说。但他知道公司有两个紧迫的优先事项：改变公司领导层真空的状况，并提出新的战略方向。当联合租赁公司的董事会开始寻找一名常任首席执行官时，尼兰宣布参与竞选。

经济不景气的浪潮持续席卷了 2008 年上半年。3 月份，投资银行贝尔斯登（Bear Stearns）崩盘，被摩根大通以相对较低的价格收购，这在金融行业完全始料未及。而建筑行业作为联合租赁公司最大的客户群也开始萧条。联合租赁公司已等不及在全国范围内寻找首席执行官，无论是尼兰将公司移交给新领导还是自己上任，他都必须立即采取行动。而他的第一步就是聘请贝恩公司（Bain & Company）帮助他制定新的战略。

2007 年下半年，在公司与博龙达成收购协议后，公司正处于无法委任新董事会成员或重新聘请其他重要成员的阶段。但是在协议取消、诉讼程序顺利走完后，联合租赁公司又可以自由行事了。于是剩下的董事会成员开始解决公司的领导层真空问题，他们一致认为联合租赁公司需要走向一个新的方向。2008 年 6 月，董事会任命公司最新的董事会成员詹妮·布里特尔担任主席职务。

布里特尔于 2006 年 12 月加入了联合租赁公司董事会，但她第一次正式参加董事会会议是在 2007 年 4 月，当时她和董事会获知了向博龙出售公司的提议。从那时起，董事会审议的重点就是为出售公司做准备。

虽然布里特尔对于担任主席的提议很感兴趣，但她仍然觉得自己相对而言是联合租赁公司的新人，还有其他人对联合租赁公司事务有更多的经验和更深的背景，所以她最初的反应就是“我觉得你们应该找一个更有资历的人”。

然而她却被告知，她对公司的悠久历史缺乏深刻了解其实是一种资产，而不是缺点。布里特尔职业生涯的大部分时间都在金融服务领域，上一份工作是在通用电气金融服务公司担任高级管理人员，同时负责国内外业务；她还是其他几家公司董事会的成员。要走向新的方向，董事会需要代表更广泛的观点。一名董事会成员告诉她，“你会用更新的眼光看待一切”。在所有人都投赞成票的情况下，布里特尔最终接受了这份任命。

挽救和挑战

联合租赁公司不仅对折磨着自己的经济因素束手无策，还有一些情况使其雪上加霜。每当一家公司被收购时，即将到来的交易难以避免地会引起公司高层注意力的分散。联合租赁公司对与博龙交易的关注转移了管理层的视线，并在公司内部种下了对未来感到不安的隐忧，影响了其应对危机的能力。在交易失败之后，2008 年的经济持续恶化，到了 2009 年，情况变得更糟糕，更加剧了这些担忧。联合租赁公司的客户不仅集中在建筑行业——在面对经济衰退时总是十分脆弱，还有很大一部分是相对较小的独立的本地企业，它们可能在经济衰退的早期就遭受了重创。

另一个问题是结构性的。联合租赁公司的发展速度吸引了像博龙这样的公司的注意，开始引起了问题，进一步加深了危机的影响。虽然联合租赁公司通过并购快速发展的战略取得了巨大的成功，但现在它亟须精简资产组合。此外，由于并购的速度太快，以致许多新的资产仍旧保留了原来的运作模式。这制造了多种业务实践的折中组合，许多客户对此感到困惑，甚至感到愤怒。

联合租赁公司需要围绕一个清晰明了的策略来调整每个部分。公司试图重新调整其组织与管理方式，以及定义其文化和价值的方式，让这些更明确地围绕客户需求。最终，公司终于意识到，他们把过多的注意力放在了少数客户群上。因此，他们计划实现客户群的多样化，尽可能少地把脆弱的小生意以及建筑行业作为业务的主要来源。

战略与机遇错位

尼兰认为联合租赁公司最初的战略是围绕着实现快速增长以达到临界质量（critical mass）[①]的目标而建立的，这种临界质量将使公司“不仅为采购设备，而且为任何能给公司带来竞争优势的措施提供巨大的动力”。该战略还旨在进行收购，以建立全国范围的业务，而不是局限于发展分散的区域业务。（联合租赁公司总部设在美国康涅狄格州斯坦福德。）

贝恩公司的分析结论是，联合租赁公司具有很多固定资产和优势，但其战略并没有充分利用这一点。尽管如此，尼兰表示，公司“处于临界质量状态，服务范围广泛，但在过去却一直追随着小客户，这些客户的作业范围只局限于部分区域”。在最初的战略中，无论是大客户还是小客户，公司都基本一视同仁。因此，联合租赁公司没能充分利用大客户的地理“可移植性”的优势。与大客户做生意，只要通过单一销售终端，联合租赁公司就可以在多个州开展业务。但事实是，联合租赁公司

---

① 临界质量是指知识技术积累到一定的临界点，新技术就会跟裂变反应一样爆发，并剧烈扩散。——编者注。

的所有客户都只能在局部区域获得服务，这就意味着大客户要和联合租赁公司的一系列地方办公室接洽，从而导致大客户接受服务的整个过程存在不对等甚至前后相悖的情况。

过度招待与招待不周并存

联合租赁公司的策略使许多高端客户不满。贝恩公司访问了众多联合租赁公司大客户的高管，有时候，尼兰也会随行。“一个客户甩出了 17 张名片，其中大部分来自联合租赁公司，”尼兰回忆说，“然后他说，‘今天我的代表是哪一位？简单点吧。我需要单点联系！’”

贝恩公司提出战略重点转移、实现分层管理的想法，分别管理三个客户层的不同需求：全国层面、地区层面和地方层面。地方客户可以交由分店处理。但是，如果联合租赁公司的广泛服务可以为客户和自己提供信息、运营和经济上的优势，就有必要组织专门的销售团队管理全国和地区层面的客户。

这些较大的客户群将受益于规模经济，并从其大量租赁活动及其产生的可行信息的协调管理中受益。从联合租赁公司的角度来看，这些客户也正好有能力找到走出经济衰退阴影的方式。全国层面的大客户可以根据经济环境的变化在区域之间转移资源和生产活动。如果它们与联合租赁公司的业务也相应转移，公司可以配合其行动，无论它们去哪里。

不幸的是，在 2009 年，联合租赁公司既没有实施也没有激励这种战略。实际上，当时公司就像是一个庞大的地方办事处的集合，各地办事处用自己的方式经营，商业惯例则倾向于当地小企业的习惯。“事实上，当时我们有 500 名首席执行官和首席财务官。”尼兰说，“我们需要从区域管理转向客户管理。这对我们来说是一次巨大变革。”

地方分公司争取自身利益

关于地方分公司的心态有一个生动的例子可以说明，这是尼兰在一次客户访谈中发现的。客户解释说，如果他需要一台设备，例如一架升降机，而与他接洽的那个办事处并没有库存，这个办事处的经理也不会尽举手之劳帮他查看其他地方办事处是否有库存。在补偿和激励机制方面，公司的重点也放在了地方分公司层次，这就自然助长了地方分公司的领地意识。如果当地办事处无法从客户那里获得收益，它就会向客户表示“对不起”，然后送他离开。

这种类型的错位没有什么特别。在以快速达到临界质量为重点的发展战略中，企业通常会推迟对所获得财产的完全整合，直到增长目标完全实现才会实施。尼兰认为，前任董事会追求的发展战略，总的来看是取得了很大的成就，但目前最迫切的是在收拾残局的同时，使联合租赁公司的战略与机会保持一致。

解决方案正在成形

管理层和董事会认为：坏消息是，公司的股票在相对较短的时间内下跌了90%；好消息是，联合租赁公司发展资产的基础是健全的，可以通过清晰的战略和管理实践加以利用（详见表4–1）。

表4–1　盒1标志性原则与行为

战略	分析客观数据，实现战略清晰
执行	根据明确的结论，以有序的方式制定战略
支撑	开发系统和流程，随着时间的变化衡量、优化和持续执行战略

为了满足关键客户“单点联系”的需要，并为联合租赁公司取得地理可移植性的优势，尼兰清楚地意识到，联合租赁公司应该利用其规模扩展与大客户之间的关系。它还需要在工业企业中实现客户群体的多样化，从而平衡其建筑行业客户比例过高造成的风险。

尼兰委托贝恩公司的原因之一是，他过去只负责运营，但他需要完善公司发展的战略。在找到一位常任首席执行官之前，他还要一直扮演着代理首席执行官的角色。此外，联合租赁公司的董事会还有延期成员，所以尼兰担心自己将要进行的战略改革会传达给董事会他在批评过去领导决定的错误信息。虽然他认为他已经很好地掌握了公司目前面临的问题，也了解了如何解决这些问题，但贝恩公司利用外界的观点为他提供了助力。

除了贝恩公司之外，尼兰还受益于由首席财务官比尔·普卢默、首席运营官马特·弗兰纳里和杰夫·芬顿共同领导的强大的管理团队。芬顿先前是博龙资本管理公司的合伙人，与联合租赁公司进行了密切的合作，随后加入了联合租赁公司担任公司战略高级副总裁。芬顿和尼兰在谨慎处理失败的并购事件的过程中，共同发现机会，提高成本协同效益和资产效率。他们在这个过程中创造的“剧本”在 2008 年和 2009 年都是很有用的资源。

2008 年夏末，尼兰提出了他和管理团队设计战略的最终版本，并首先提交给了詹妮·布里特尔，之后再传到了董事会。布里特尔和其他董事在广泛讨论了这一战略后，批准了其建议，并任命尼兰为常任首席执行官。

调整运营

除了短期内迫切需要削减公司的运营成本外，尼兰的战略还包括一个长远的计划：“我们必须改变进入市场的方式，我们必须改变思考的方式，我们必须改变考量自己的方式，此外，我们还要改变补偿的方式。”

两种优势

联合租赁公司在面对多重挑战时具有多方面的优势。首先，博龙的撤资引发的危机使它比业内其他企业提前一年觉察到了经济危机的严重后果。在竞争对手纷纷削减成本的时候，联合租赁公司早已做到了这一点，并提出了更多的长期战略关注点。芬顿认为这是一个转折点，公司可以采取充满野心的客户策略：“在经济最困难的时期采取更有雄心的战略，我认为能帮助联合租赁公司有效避开竞争。”

联合租赁公司的成本控制措施是作为尼兰综合战略的一部分启动

的，也就是于2009年1月推出的“联合运营”策略。通常，当企业降低成本的时候，往往都以一种直接且全面的方式展开。在实现成本效益方面，联合租赁公司的目标和策略性更强。尼兰和芬顿的早期分析是在与博龙交易的调查阶段完成的，这一分析帮助公司确定并保留了绩效最好的分公司，包括拥有最理想客户组合的分公司（全国性客户、工业和建筑公司的组合）。“我们削减了大约150个点，”尼兰说，“共降低固定成本约2.5亿美元——而我们的固定成本总共也只有5亿美元。”

图4–1 联合租赁公司重建绩效引擎

联合租赁公司的第二个优势是整个设备租赁行业还不成熟。该行业出现于20世纪六七十年代，主要服务于当地的零散商户，大多由小承包商和个体私营企业组成。在一段时间内，这个行业一直保持这种状态。直到20世纪的最后10年，较大的竞争对手才出现。它们中的大多数已经通过收购当地企业甚至是区域性企业发展起来了。直到经济危机时，只有少数企业实现了真正的全国性发展，而联合租赁公司就是其中之一。

但是，在“联合运营”策略启动的时候，联合租赁公司还未将所有的管理结构、技术和流程都整合在一起，也未将大型业务转变为全国规模的经济，提供强大的客户利益，从而提供坚实的竞争优势。但这就是尼兰的策略等待的机会：重整设备租赁行业。

绩效指标

尼兰聘请的顾问研究了各类客户与设备租赁商打交道时客户对供应商的需求，并从这些见解中列出了一些关键绩效指标（KPI）：

- 及时提供所需的设备。
- 从有库存的联合租赁公司分公司调运设备。
- 设备出现故障时，提供快速且有求必应的服务。
- 快速提供内容清晰准确的发票。

这些关键绩效指标是客户的最低要求。但目前联合租赁公司的战略针对的是三个层次的客户，每一层次的客户都有不同的要求，规模较大的全国性和地区性客户，还会有额外的要求和战略机会。越来越多的大客户将租赁设备视为降低资本支出以及将固定成本转化为可变成本的一种方式。

芬顿说："如今，市场和客户将我们视为一家设备公司，这一点非常正确。但我们还为客户提供其他服务，我们正在帮助客户解决生产力问题、资本问题，帮助它们管理风险，因为它们不必花数百万美元购买设备。它们的核心竞争力不再着力于购买设备、维护设备、运输设备或者出售设备（当设备损坏时）。"

出于这些原因，"租赁渗透率"（随着时间的推移，租赁公司可用设备的总量与制造业所拥有的设备数量的百分比）在整个行业中都在上升。在20世纪90年代之前，租赁渗透率在5%~10%。1990—2007年，该数值就上升至近40%。对于设备租赁这个行业而言，租赁渗透率是行业健康的基本指标。

短期内，尼兰最感兴趣的指标是有助于评估联合租赁公司在分公司层面的健康状况的指标。首先需要克服分公司心理层面上的问题——在盒1中运用盒2的遗忘原则。为实现这个目标，考评分公司经理的能力就不能单单看分公司的绩效，而是应该在区域层面上评估它们。为达成这个目标，这些分公司就必须互相合作，不能仅是相互竞争。员工和经理不再把待出租的设备看作只属于分公司的财产，相反，由于受到激励，他们将其视为整个区域的资产，这就意味着可以根据客户需求在整个区域范围内自由分享和分配资产。

为了使策略被广泛采用，必须对这些改进进行监督和评估。随着分公司希望及时了解集团公司业绩表现的需求越来越高，联合租赁公司需要制订一个雄心勃勃的信息技术支持和数据采集计划。它随后推出了一套计算机系统，根据面向客户的业务目标来衡量每个分公司，将其落实到分公司层面，并对销售人员和分公司经理进行新工具使用方面的培训。

尼兰想创造一种对客户期望以及如何实现客户期望有好奇心的企业文化。公司的目标是考核每家分公司和每个区域适用于所有层面客户的基本关键绩效指标。以及仅适用于个别客户层面的其他指标。例如，区域和单个分公司该如何积极有效地利用全国性客户？如果分公司或区域平均有 20%的全国性客户，为什么个别分公司只有 5%？

许多分公司的传统做法——不仅是在联合租赁公司，而且在整个设备租赁行业——都是在公司里等着生意上门。然而，上门的客户是成本最高的客户群。因为在服务过程中，它们的要求不仅很多，而且订单规模较小，也不太可能成为大批量租赁的常客。相反，接待有常量业务且与联合租赁公司有长期业务关系的大客户，往往服务成本更低。因此，联合租赁公司设定了激励性门槛，鼓励与大客户发展业务。这些特定客户有一个共同的要求，就是单线联系，无论它们在哪个城市、州或是区域。

联合租赁公司的考核系统能够实现实时反馈，能够促进分公司和区域办事处形成责任制度，适用于销售代表和分公司经理。尼兰特别强调："我会关注他们是如何利用这个系统的。我会告诉技术部门，'听着，我需要了解——谁在线？谁不在线？’因为这可以让我分辨是否有人对我阳奉阴违。”

在尼兰看来，如果联合租赁公司可以利用更加统一、协调一致且严格自律的方式来服务三类客户群，那么市场表现将会得到提升。从长远来看，如果联合租赁公司能成功地重整业务，租赁渗透率将继续上升，甚至达到65%或70%也不是没有可能。

增强后备力量

正如布里特尔利用董事职位空缺来激励联合租赁公司董事会成员学习特定领域的专业知识的做法一般（详见后文），尼兰也从2009年开始利用类似的机会提高他的管理团队的素质。当克里格需要增强其在盒3中的创新能力时，其首席技术官凯文·沙利文指出，要避开厨房家电的专业知识。相反，他努力寻找来自行业外的专业人士，比如航空工程师。他的目标是推动非线性思维（详见第二章）。在盒1中，尼兰的目标是不同的，即丰富联合租赁公司在线性框架中特定领域的整体体验。在销售和市场营销、战略及业务发展方面，他任命了一些高管，这些人从事设备租赁的工作年限加起来近140年。

这些援军的加入（包括芬顿在内）与联合租赁公司对其核心业务的关注相辅相成：分公司文化、惯例、三层营销策略的改革，以及一系列基础业务流程的优化。此外，在不断发展的设备租赁领域，还有很多线性创新的机会。

将指标转换成信息产物

联合租赁公司的战略中还预期，增强获取绩效数据的能力可以使其长期为最能带来效益的全国性和地区性客户增加新的价值。与这些客户单线联系是非常重要的。但是，如果联合租赁公司还能帮助客户提高整体租赁效率、成本利用率以及安全意识呢？这将是具有战略意义的。这是继开发考核联合租赁公司自身绩效的信息技术系统和流程之后，下一个合乎逻辑的步骤。这些举措还衍生出捕获成本利用率数据的功能，而这些数据最终可以转化为可操作的、有洞察力的战略、物流、经济和运营策略，客户也愿意为此付费。

有时盒 1 和盒 3 之间的边界比较模糊。盒 1 中的线性创新与盒 3 中的非线性创新之间的关键区别在于盒 3 需要时不时地跳转到改变行业竞争力的新商业模式中。有一个著名的案例，美国航空公司在 20 世纪 70 年代使用新技术开发了全新联机订票系统 Sabre。美国航空公司原打算利用 Sabre 推动盒 1 的性能，使自己比其他航空公司更具有竞争优势。但是，这个订票系统却很快凭借自身优势发展成为盒 3 中一个非常有利可图的业务。

芬顿认为，从长远来看，将成本利用率和绩效数据转化为增值产品具有类似的潜力："我们希望将自己发展成一家提供解决方案的企业。我们永远不会放弃设备租赁商这个身份，但是如果客户开始将我们视作解决方案提供商，并看重我们这方面的价值，我们也能为其提供更多的服务，因为我们希望客户为我们设备租赁以外的服务买单。"而这些服务就包括洞察力和专业知识。

打造一个充满活力的董事会

联合租赁公司董事会的重组在公司转型方面发挥了关键作用。企业总是很容易低估一个积极且运作良好的董事会所做的贡献。即使许多非常勤勉的董事也很少会亲力亲为。但是，作为联合租赁公司的新主席，布里特尔希望董事们能够尽可能地积极参与应对联合租赁公司面临的挑战，以此表达对新任首席执行官尼兰的全力支持，所以她鼓励董事会成员积极参与。

例如，在布里特尔任职早期，公司有三个董事成员位置空缺。在向猎头公司寻求帮助前，她和尼兰讨论了现有董事会有哪些专业缺陷需要由新董事填补。最终他们得出结论，联合租赁公司还需要填补三个方面的专业知识：信息技术、物流以及营销。信息技术将为联合租赁公司提供实时绩效的监控和分析；物流的专业知识将有助于改善联合租赁公司众多资产管理流程，同时也有助于培养高层次洞察力，以便向其最佳客户提供信息产品；而丰富的营销经验将有助于联合租赁公司为其现有三个层次的客户提供有针对性的服务，并帮助吸引需求大的客户。为了验证他们的结论，布里特尔询问现任董事会成员对目前欠缺的能力的看法。他们的讨论结果与尼兰和布里特尔先前的结论一致。他们将这些观点告知猎头公司，以便他们搜索符合这三个条件的人才。

然后，布里特尔邀请每位在任董事会成员阅读猎头公司的简报，并对潜在候选人进行分析，一一面试这些人。如果他们觉得有必要，甚至可以进行多次沟通。董事会的成员也确实照做了，虽然这种参与程度不太寻常（毕竟候选人的审查通常只会委派给一小部分董事），并且还建立了一套流程，但是布里特尔认为这是一项很有价值的投资，她认为这有助于避免"董事会成员在关键问题上产生分歧或是觉得被排除在外"的情况。

因此，任何一位新任董事在出席其第一次董事会会议之前，都已熟悉其他董事对公司的看法、公司面临的问题及其文化，且所有人都与现任董事会成员之间以同事关系相处得很融洽。此外，这个流程也培养了各位董事在公司其他事务中积极参与的习惯。

例如，布里特尔和尼兰强烈要求董事会成员在出差时视察当地的联合租赁公司分公司。有些董事在尼兰的安排下进行正式视察，但有时候，他们也会抽空顺便走访当地分公司。通过这些活动以及其他的安排，联合租赁公司的董事对公司及其员工进行了细致的了解。尼兰对董事会发展的方式感到非常高兴，所以他邀请了布里特尔和其他董事出席年度管理会议。他还要求布里特尔在会议上举行董事会圆桌会议，邀请分公司和区域管理团队的人员参加，并请他们提出问题。这些董事会成员经常出席会议的行为受到参会者的高度评价，布里特尔说，其中一位参会者还写道："我们能了解董事会真实的工作情况，这种感觉很好。"

最后，董事会成员、尼兰等公司高层还参加了许多与当地分公司员工见面的地方会议（详见专栏：如何吸引普通员工）。这些会议很多是在联合租赁公司与 RSC 控股（RSC 是联合租赁公司在全国性客户层面上的主要竞争对手，详见后文）合并之后举行的，目的是帮助董事会成员更清晰地了解当地分公司配合的情况。

如何吸引普通员工

业务转型需要全方位的努力，这不仅体现在金字塔的顶端，还体现在公司的每个层面。迈克尔·尼兰在设备租赁行业工作多年，一直高度重视员工队伍在创造、维持客户满意度和忠诚度方面的能力。

“我们是一家服务型企业，我一直认为，客户是我们的自己人。如果你不能与他们建立友好关系，那么你应该另谋高就。”尼兰说道。但是公司一直在经历一系列激烈的变化，所以公司员工需要多一些关注。尼兰开展了一项声势浩大的工作：和全公司的员工进行交谈。其中之一是他和其他高管会在所有联合租赁公司分公司举行的地方会议上担任主持。这些会议每次都要开一整天（其中许多会议都有董事会成员参与），晚上还要为来自区域分公司的时薪员工和其他工作人员写简报。下面是尼兰就参加这些会议的自述：

我没法告诉你我参加了多少个地方会议。每隔一个星期，我都要参加一个主要大城市的地方会议。比如我在波士顿，那里有

6 家分公司……白天，我会去所有这 6 家分公司，和那里的时薪员工进行交谈。然后我会和管理及销售团队一起吃午饭，和他们分享我听到的信息，然后再听他们的看法。我们学会了该如何更好地去倾听他人，学会了如何听到我们需要知道的内容，而不仅仅是我们想知道的内容。

下午 5 点钟，我会和时薪员工单独会面，没有管理人员，只有我和时薪员工，从 5 点到 6 点。随后其余的工作人员也来了，我们会一起吃晚饭。晚饭后，我会和他们谈谈我们目前的市场地位、我们现在的发展程度、我们打算发展到什么程度，以及他们对这些计划的重要性。

就一些话题，我也想从他们那里了解想法，比如客户安全、客户服务和员工关系等，了解我们如何才能做得更好。他们会被分成 4 组，试着讨论哪里出了问题。但是我总是说："不要把它当成一个抱怨的会议。告诉我哪里出了问题，但也要告诉我，为了做得更好，应该怎么做。"讨论结束后，4 个小组都必须向大家呈现他们的结果。

我对我们在这些会议上所做的一切非常满意。去年离场后，我们委托人员进行了独立的员工敬业度调查，最终得到的结果比以往的评分都更高。

发展工业客户群

联合租赁公司对建筑行业客户过度依赖依然是一个挑战。正因为如此，詹妮·布里特尔偶然与橡树山资本合伙公司（Oak Hill Capital Partners）的管理合伙人、董事长丹尼斯·内登（Denis Nayden）的会面就可以称得上是幸运了。橡树山资本是RSC的主要投资者之一。RSC拥有众多联合租赁公司垂涎已久的工业客户。布里特尔说，她和内登曾一起在通用电气金融服务公司工作，那时二人就很熟悉，他们在前些年也时常会就一场可能进行的交易进行讨论，但从未就合并进行过正式交谈。

尽管如此，他们一直保持联系还是起了作用，两家公司结合成为全球设备租赁业中最大的企业。相比而言，这次合并对于联合租赁公司也许更重要，因为RSC工业客户的融入帮助它打破了对建筑行业过度依赖造成的对经济危机承受力低的现状。

布里特尔回忆道："2011年11月，我打电话给丹尼斯，我说，'你知道的，我们都不想有一天退休坐在家里的时候还在说那个错过的交易……为什么我们不让它运作起来？'所以我们约在感恩节之前见面吃饭，然后我说，'丹尼斯，董事会告诉我让我把这个想法实施起来，你觉得呢？'"

布里特尔说，与RSC的合并方案在晚餐后的两周内形成："这是一次不同寻常的交易。当2012年交易完成后，尼兰和他的团队在高层团队整合方面做了杰出的工作，特别是我们的首席运营官马特·弗兰纳里。这是我见过的最成功的一次整合。"

通常，成功整合中最典型的特质就是，收购方（此处即联合租赁公司）在做关键人事决策时要抵制过于苛责的愚蠢行为。尼兰说："交易失败，是因为他们没有留住（对的）人。所以我们做出了非常有力的声明，即这次合并是在'能者居之'的原则上进行的。从高层开始，即使做出选择非常艰难，我们还是要逐层往下做出决策。"

对于任命联合租赁公司老员工管理 RSC 老员工的任何决定，尼兰的要求都非常苛刻："对任何事，他们的团队和我们的团队，都一起做决定。对于每一个职位，无论是技术、销售、会计，你们提名，但我们要在双方都有同等人数的代表参与的情况下进行决议。"

这样做的结果就是最终和平、积极且无懈可击地过渡到一个整合完成的公司，其凝聚起的力量能够超越竞争对手。合并后的公司不仅规模更大，而且发展也更好。RSC 不仅带来了联合租赁公司缺乏的大量工业客户，而且还提供了服务工业客户所需的独特技能与专业知识。无论从哪个方面看（包括增加了三位从 RSC 来的经验丰富的董事），这次合并都非常符合盒 1 的做法。

在通用租赁设备服务中增加专业设备服务

联合租赁公司已经确定了一个进一步优化盒 1 性能的机会。设备租赁行业内的大部分大公司主要处理"通用租赁"项目，即客户日常工作中使用的各种工具和设备。在经济危机之前，通用租赁产品几乎占据了联合租赁公司的全部库存。联合租赁公司和其他通用租赁公司将专业设备租赁商看作第二租赁类别，该类设备一般用于专门用途的任务和项目中，与客户的日常活动相去甚远。例如，一个专业设备租赁商可能只专注于安全挖沟所需的设备（如防止沟槽塌陷的钢筋墙体系统），另一个专业设备租赁商可能只出租为施工现场、电影院和活动场馆等提供电力的大型发电机，还有的专业设备租赁商可能只出租工业泵及相关的设备。

联合租赁公司以前没有考虑过广泛开发专业领域。事实上，通用设备租赁和专业设备租赁公司之间的鸿沟已经在业界形成共识。芬顿说，其中的一个原因是因为专业设备往往“需要了解独特的技能才能完成销售、租赁和维护流程”，既然如此，就想想盒 2 中的“遗忘”原则。

进入专业设备市场有很多有利因素，这在联合租赁公司决策的过程中起了重要作用。首先，特别是随着 RSC 的加入，联合租赁公司的许多现有大客户都对专业设备有需求。其次，专业设备的利润空间明显高于通用设备。最后，联合租赁公司广泛的客户群有效提升了它的购买力，使其有能力与一系列专业设备租赁商进行竞争，甚至有机会收购其中的一部分企业。

截至 2015 年，联合租赁公司已经出租了大量专业设备，包括大型发电机、暖通空调系统、下料系统和油气钻井用工业泵等。芬顿指出，在 2012 年的桑迪飓风期间，纽约市的高层建筑都配备了从联合租赁公司租借的临时空调和电力系统。

这些设备不是你到任意一家联合租赁公司门店都能租到的。特种设备往往比较复杂，在运输、操作和维护方面都需要专业知识。这就解释了为什么联合租赁公司在 2014 年投资 8 亿美元收购了一家泵租赁公司。

芬顿说："显然，这是一次非常大的投资。泵是一种专业设备，其中许多泵用于北美的油气田中。你必须要有一定的工程专业知识。也就是说，你提供的不仅仅是泵，还有其他服务，你要提供现场安装服务，并且因为这台设备要在现场服务很长时间，你还得提供维修服务。现场服务的作用非常关键。如果泵无法运转，通常会导致工作现场停工。"

打破租赁种类间的传统壁垒确实进一步帮助尼兰实现了他的愿望：重塑设备租赁行业。

展望未来

截至 2012 年，联合租赁公司在盒 1 中的表现已经有了很大起色，它已经成功转型为消费者导向型企业。它将分公司、区域分支机构以及销售团队与其三层营销战略相结合，并且保持客户群的多元化，以使公司不再轻易受到经济危机的影响。随着公司进入专业设备租赁市场，联合租赁公司为客户提供了更广泛的产品和服务。而高利润的专业设备租赁业务也是公司收入得以更快增长的原因。

尼兰说："经济危机的周期仍不可避免，但是我们认为，多元化的客户群可以让我们降低受影响的程度。"

为了盒 3 中的未来，尼兰委派芬顿制定了一套能实实在在保证联合租赁公司在经济危机期间也能继续增长的战略。他说："我不知道这一战略会是什么样的，但是我已经告诉他不要让设备成为他唯一考虑的因素。"尼兰承诺会提供足够的资金，以便芬顿可以在看起来很有潜力的任何方向上进行探索和试验。在某种意义上，芬顿的任务就是弄清楚联合租赁公司未来的核心竞争力。

联合租赁公司还拥有一个可存储超过 15 年的交易和成本利用率数据的数据仓库，这些数据可以随着时间的推移转化为各种信息产品，帮助客户更智能、更经济地享受租赁服务。“这些数据中有宝藏。”尼兰说道。有趣的是，他让联合租赁公司的首席财务官比尔·普卢默（尼兰称其为“非常杰出的麻省理工学院出身的航空工程师”，而“不是一名会计”）负责找到这些宝藏。“我相信还有很多我们尚未发现的机会。”

他告诉首席信息官戴尔·阿斯普伦德：“我想对公司进行数字化改革。”虽然他不确定这么做的后果是什么，但他知道这个想法能让更多的客户互动实现数字化。

尼兰将这些对行业未来的探索任务谨慎地交给一小部分高管，他认为，把所有任务都放在一个人身上是不对的。“我不想让它停滞不前。”而且，“他们每个人都有自己的性格，有具有前瞻性的好想法。所以我希望他们以不同的方式独立地看待这个世界。”

到 2015 年，联合租赁公司的盒 1 已经很健全了，但领导层从未觉得“任务已经完成”。为此，尼兰将持续改进作为理想的核心竞争力。他还引进了新的人才，这些人才具备经营方法改进、精益思想和其他流程改进的专业知识。他要求所有管理人员每年至少花一周时间参加经营方法改进培训。他描述了他与机械师、卡车司机、分公司经理和地区经理一起参加的一次改进会议。他们试图缩短把设备装上货运卡车所消耗的时间。会议的切入点是一个用时 35~55 分钟的流程。尼兰说：“截至本周末，我们制定并实施了一套流程。我们将时间缩短至 15 分钟，我们一起做到了。我认为这真是太伟大了。”

尼兰和其他高层已经有信心逐渐地转向盒 3 中的非线性思维。公司吸取了教训，明白三个盒子都需要给予定期关注，因为没有什么是理所当然的。

尼兰说：“我相信我总是能学到一些东西并且应用它。这就是我的想法，这就是我的运作方式。”

在第五章和第六章中，我们将更多地注意各个盒子的投入平衡这一挑战性艺术。

本章要点

- **盒1的优势来源于清晰的战略，按照规则执行，并由能够维持高水平绩效的系统和流程支撑。**

  最初，在联合租赁公司，各种情况合在一起导致缺乏完整的清晰度和战略一致性。任何发现自己处于这种状态的企业都需要退回来看看，并重新联结其客户、使命、员工和文化等核心要素。在绩效不佳的时候服一剂盒 2 中的“忘记”药水就能受益匪浅。

- **盒1中健康的性能对盒3中的创造至关重要。**

  为了和盒 3 的想法建立关系，企业必须卷土重来。在盒 1 中首先要做好管理现在，要做到这一点，不仅要稳定，而且要足够繁荣，保证能创造出可投资未来的收入。联合租赁公司有条不紊地重新创造其绩效引擎，直至可以应对这两个挑战。

- **在企业复兴的过程中，一个积极参与的董事会是非常宝贵的。**

  董事会主席詹妮·布里特尔付出了很多，目的就是让董事会参与关键决策，以支持新任首席执行官尼兰的战略。他们也大大增强了公司很多方面的联系。尼兰积极欢迎董事会成员出席公司会议，并随时视察分公司。尼兰和布里特尔之间卓有成效的伙伴关系是值得效仿的榜样。

- **盒1中优化当前商业模式需要的活动、技能、方法、指标、思维方式和领导方法，与盒3中创建新商业模式所需的元素不尽相同，但是两个盒子中的活动必须同时进行。**

  此外，盒 1 和盒 3 之间存在共生关系，只有当盒 1 正常运作时，盒 3 才能实现最大价值。

- **盒1中的线性创新与盒3中的非线性创新之间的关键区别在于，盒3需要时不时地跳转到改变行业竞争力的新商业模式中。**

  随着联合租赁公司逐渐步入正轨，有两个关键的过渡举措使得业务转型成为一个更具体的目标：兼并 RSC 和在设备库存中增加专业设备租赁资产的非常规举措。这些是计划性机会主义的典型例子——在未来到来之前做好准备。

- **领导者对艰难商业决策中的人文因素的理解能力可以使企业决策更加透明。**

  尼兰、布里特尔和公司领导层的其他人员都认识到，在恢复盒 1 的性能并为未来进行改变的过程中，他们必须做到让所有员工都“看得见”他们，并且能直接与他们沟通。他们在地方会议和其他论坛上回答员工问题的开放性增进了全公司上下对领导层决策原因以及决策内容的了解。

〉工 具

工具1：评估盒1的健全度

作为管理团队，你需要专注于盒 1 中的绩效引擎，并回答以下问题：

- 在供应商和客户的议价能力、直接竞争的强度、打破壁垒以及同类商品威胁等方面，你是否对所处的行业结构有着深入的了解？
- 你的商业模式和产品的竞争优势在哪里？为什么客户更偏爱你提供的产品或服务？
- 从影响决策的正式报告结构、决策权限、信息流以及任务流程等几个方面来描述你的公司。你的企业是否能适应维持企业竞争优势的要求？
- 描述你公司绩效激励和考核的方式和措施（薪酬和激励制度）。这些方式和措施是否能成功支撑绩效引擎战略的执行？
- 描述你公司的资源分配和规划流程。这些是否能成功支撑公司竞争优势的实现和维持？
- 就人才选择、培训、发展、评估、推广、解聘和打造能力方面描述你的人力资源方法。你的人力资源方法是否与打造竞争优势的目标保持一致？

- 就企业价值行为和指导管理行为的共同信念和规范方面来描述你的企业文化。你的文化是否能支撑盒 1 战略的执行?

工具2：增强盒1

- 描述在未来一年内你会实行的用于消除盒 1 中存在的性能缺口的关键举措。
- 你是否分配了足够的资源用于执行这些关键举措?
- 你是否指定了专人领导这些举措的实施，并为他们的绩效评定建立了适当的问责指标?

第五章

创新实践：以柳溪社区教会为例

“三盒”解决方案需要在多重时间框架内具备同时思考和行动的能力。正如我们在本书所举出的几个案例，你总是在管理现在，打破过去，然后再打造未来。但有时，你又不得不将重心放在其中一个盒子里，而本书中的工具将帮助你与团队和同事同时维持三个盒子的平衡。

如果三个盒子之间失衡会如何？又该如何同时维持三个盒子之间的平衡呢？

为了解决这个问题，让我们一起看看柳溪社区教会（Willow Creek Community Church，以伊利诺伊州帕拉丁山的老柳溪剧院命名，也是最早提供服务的教会）的传奇故事。这是一个由数名MBA(工商管理硕士)运营的组织，也是很热门的一个哈佛商学院案例。通过柳溪社区教会的例子，可以了解他们是如何在过去这些年完美地做到三盒平衡的。

改造教会

柳溪社区教会，以及之后的柳溪协会（WCA），起源于20世纪60

年代中期一个名为比尔·希贝尔斯的学生与常人不同的敏锐观察力。希贝尔斯发现，他的家人加入了建在郊区的中西部新教教会，并参与了传教士的工作。这些传教士正在非洲、亚洲及其他遥远的地区“试图帮助人们信仰耶稣基督”。希贝尔斯说：“从任务的角度来看，在海外传教是非常有意义的。但是对我来说似乎有点奇怪，我们的教会并没有向仅隔几个街区还没有信仰的居民传教。”希贝尔斯还回想起他曾经和父亲开玩笑的话，他说，一个无宗教信仰的当地家庭获得信仰的最佳方式就是去非洲旅行，“在那里，有我们的传教士可以和他们进行交谈”。

虽然他并没有忘记他观察到的现象，但是当时还是少年的希贝尔斯还没有能力处理这个问题。但是，他的生活还是发生了变化。他的父亲经营了几家公司，其中包括一家快速发展的批发公司。“我的生活就是跟随父亲的脚步，经营他的公司。”希贝尔斯说。所以，希贝尔斯上了大学，去学习商学和经济学。他继续说：“真的没有想到，我很喜欢在这家公司工作，我从初中就开始在这儿工作了。其他的工作都不能吸引我，我非常了解这项业务。”

然而，在他的大学时代，希贝尔斯经历了一次近乎地震似的宗教觉醒。他将其描述为“与永生神直接且单独的相遇”。这让他产生了一种颠覆性的感觉，“突然间，我觉得售卖水果和蔬菜……很难与帮助人们发现上帝无边的爱这一挑战相比。”他评价这种感觉就是“一次挣扎的对话”。随后，他告诉父亲他改变心意了。

希贝尔斯与一群志同道合的朋友讨论宗教，他们开始孵化创建一个教会的计划。这不是他小时候和家人一起去的传统教会，而是“试图让没有信仰或者信仰受损的人理解基督教的教义”。

20 世纪六七十年代是教会活动参与率急剧下降的年代。希贝尔斯对脱离教会的人数日益增长的原因有一种直觉：世界正发生着剧烈的变革，但是教会却未能跟上变革的步伐。新教教义的主旨并没有错，但它的传播方式已经过时了。更糟糕的是，当许多没有信仰的人接触到传统的教会时，他们常常因自己没有宗教信仰而受到批判，然后顶着巨大的压力接受宗教。

1975 年，借助于接受的商业教育，希贝尔斯开展了市场调研，以检验其直觉的准确性。[1]他和他的同伴访问了数以千计的“不属于任何教会”的人，去了解为什么他们没有参加或加入某个教会。最后可以大致归结为几个原因：（1）教会“总是要钱”；（2）服务“无聊且毫无生气”，或“就是那一套”；（3）布道内容缺乏与“真实世界”的相关性。那些参加过教会活动的人回家后会比他们刚参与活动时感觉更糟糕，因为“牧师总是让他们感到内疚和无知”。

在这些坦率的观点中，希贝尔斯和其他创始人设想了一种围绕着现代服务理念建造的新型教会。他们使用现代音乐、戏剧、舞蹈和视频，包括与现代人有联系的任何形式。而且，在希贝尔斯长大的教会里，将非宗教信仰者视为“最大的敌人”，但在柳溪社区教会，人们张开双臂欢迎怀疑论者并且尊重他们。教会不会向新入会的人收钱，没有硬性推销，也没有压迫手段。人们希望加入，是因为新教教义是以真实和有吸引力的方式传播的，是因为教会是一个让人觉得舒适的地方。

平衡三个盒子

在本章和下一章中，我们将从不同角度探讨在三个盒子之间取得平衡的挑战。本章将考虑平衡过程中的操作规则和流程，而第六章将平衡视为 6 类领导行为和组织行为的产物。这两个观点对于“三盒”解决方案都至关重要。

维持平衡必须从上层开始进行，让领导者了解各个盒子之间的相互关联。柳溪教会有两个领导——比尔·希贝尔斯以及后来加入的吉姆·梅拉多。很幸运的是，他们能清楚地看到，维持、破坏和创造是周期性更新过程中的一部分。按照众人熟知的经文，希贝尔斯认为这个循环是这样的：世间的每一件事都有属于它的一段周期和一段时间去完成每一个目标——出生的时间和消亡的时间，播种的时间和拔草的时间，扼杀的时间和治愈的时间，摧毁的时间和建立的时间。

从一种很现实的角度看，维持平衡要求你每天都关注这些周期和目标。为了能够做到这种日常关注，或许没有什么比我在之前的章节中所描述的各种计划性机会主义的准备措施更有效的了，这些措施涵盖了三个盒子，能全面地防止未来的不可预知性。

就像孩之宝的布莱恩·戈德纳和联合租赁公司的迈克尔·尼兰所做的那样，你也可以任命个人或者团队来预测弱信号，推动盒 3 中的想法和新的运营策略。正如 IBM 的 EBO 流程中所写，你还可以为不同发展阶段的企业开发个性化的管理风格和指标。在第六章中我们将会看到，你可以鼓励和保护在你们中间有着标新立异想法的人——这些人有新奇的想法和洞察力，但是影响力或社交水平却稍逊一筹。

理解平衡的关键是认识三个盒子之间的联系。正如在第四章所述，如果没有一个发展势头良好且战略准确的盒 1，盒 3 也将处于不利地位。而如果没有一个完善的盒 2，那么盒 1 中的主流逻辑、结构和实践将无法让盒 3 中的投资项目成功。盒 2 相当于一个净化机制，主要负责消除过去所造成的障碍。这些障碍通常是盒 1 中的业务所需的固有价值观和惯例，如果没有它们就无法有效运行。但是在盒 3 中它们必须被遗忘，这样创新才能在“历史清白”的条件下产生，不受过去的想法和惯例的束缚。

柳溪社区教会，因有丰富的弱信号和盒 2 观点而产生。柳溪社区教会的规划明确针对传统教会的过时陷阱和自掘坟墓的做法。传统教会的这些问题使很多人对教会敬而远之，而柳溪社区教会将从本质上对这些问题进行改进。

这些创始动机能很好地将盒 2 的思想嵌入柳溪的组织结构中。事实确实如此：成立 40 年来，柳溪社区教会一直强调，他们已经改头换面，放弃了旧式的活动和惯例，有时他们甚至显示出明显的超过过去最鼎盛时期的迹象。在后文你将看到，在柳溪，这种盒 2 的做法在管理过程中是一个正式的、定期发生的过程。

事实上，这样的努力并不是一蹴而就的。正如我一直强调的，盒 2 是大多数企业面临的最大挑战。我认为，对一家企业而言，相比判断什么时候应该创新，意识到自己是时候停止做某件事是更困难的。虽然这两个想法必然并存，但是停止既定的活动往往会像失去一个老朋友一样，必须要克服强大的情感依恋，而且在停止的过程中还经常会出现错综复杂的人为因素。但持续更新的能力是一家企业可持续发展的基础，需要一个由客观的盒 2 中的实践和流程组成的规则，以实现循环更新的模式——这也是“三盒”解决方案最具吸引力的优势。

在寻求平衡的过程中，三个盒子中都需要采取行动。正如希贝尔斯所说，“教会是一个组织，就像通用公司一样。我们需要建立正式的运营机制，就像一个商业组织一样，保持三个盒子的平衡”。

牧师们会发现，创造任何一种操作机制的想法都很难着手。“大多数牧师去神学院，学习希腊语和希伯来语，并学习如何诠释《圣经》中的段落，这是非常重要的东西。”希贝尔斯说。但是，在他们完成了第一次星期天布道之后，“当他们在星期一早上醒来时，会意识到他们其实是企业的首席执行官，拥有雇员，拥有花名册，拥有人力资源职能，拥有可收购的企业、收购计划以及一起合作的董事会。但他们对此却毫无准备。”

但是，希贝尔斯却实实在在地有这样的准备。除了他主修的商学专业和辅修的经济学专业，他还是由一个商人父亲培养长大的，并且闲暇时都在家族企业中度过，于是自然而然地养成了商业思维，他把这种思维用于创立一个教会，旨在为有信仰的人提供一种新的宗教体验，最重要的是吸引和教化大批教会之外的人进入教会。

在本章中，我主要介绍柳溪社区教会，其次是印度最大的技术企业塔塔咨询服务公司，以显示企业如何能够通过平衡三个盒子来持续地进行巨大变革。在这两个案例中，你将看到企业的流程和运营规则是如何帮助不同企业充分利用现有资源，面对过去枯竭的资产，同时保持对未来机遇的警觉。你也会看到，平衡三个盒子是一个持续的过程，而不是一个偶然的事件，这就要求将平衡看作一种系统的规则。

我将从教会为现代人群重新打造礼拜服务的奠基行动开始，讲述柳溪社区教会的三次循环创新。

第一次创新：礼拜服务拓展

希贝尔斯以流程多样化且系统的方式创建教会。他认为教会服务有 4 个基础目标：赞美上帝（聚集成员一起通过做礼拜赞美上帝）、教化信徒（帮助信徒通过参与教会深化他们的精神生活）、传递福音（向“未加入教会的哈利和玛丽”伸出友爱之手，他们也被称为“慕道友”）和社会行为（通过在言行中体现上帝的爱成为“世界的良知”）。[2]

1975 年，柳溪社区教会有两个主要目标：重塑礼拜服务模式，使其具有现代感且与现代社区居民息息相关，并针对未加入教会的人建立一种服务扩展系统，保证他们受到欢迎及公正对待，一切围绕慕道友的需求而不是教会固有的需求来进行。

改造服务

有几个要素促进了礼拜服务的改造和现代化目标的进行：

- 音乐。传统的管风琴和 18、19 世纪的赞美诗不见了；相反，现场会有一个乐队演奏现代乐器。

- 戏剧。牧师将《圣经》中的经验教训转化为与当下困境相关的故事传达出来，将经文与教徒的日常生活联系起来。在每项服务中，这些戏剧都展现了布道信息。
- 多媒体。该服务经常将音乐与视频和摄影结合在一起，使感官体验更加深刻。
- 将经文置于现代背景中。就像戏剧服务一样，经文衍生的读物与当下事件或困境有明确的联系，并且预示了布道的主题。

20 世纪 70 年代，教徒脱离教会的趋势一直在持续。不同派别教会在教徒日益减少的情况下相互竞争。因此，一个教会的增长其实是侵蚀了其他教会。柳溪社区教会了解到这其实是一场零和游戏。有机增长的最好方式是通过吸引未加入教会的群体来增加信徒的数量，其中就可能包括许多对之前接触的教会不再抱有幻想的人。从新的礼拜服务模式开始，柳溪社区教会的整个规划就是为了做到这一点。

服务扩展系统

为了把这些人变成忠实的基督徒，教会开发了一套详细的方法论。从根本上说，柳溪社区教会有着多样化的流程，并且重视遵守规则的运营实践带来的好处。在“七步战略”中，柳溪社区教会阐述了向慕道友伸出援手，引导他们进入教会，加深他们的信仰，然后再让他们接触其他慕道友的过程，每一步都有相当详细的解释，并且有推理支撑（见图 5–1）。

教会首先鼓励信徒与慕道友建立“诚信关系”。[3] 诚信意味着信徒需要对慕道友坦诚，并以令人信服的方式阐述自己的故事。（柳溪社区教会还制订了为期 4 周的培训计划，帮助信徒了解慕道友的需求，并与他们进行有效沟通。）[4]

服务扩展的另一个核心原则是：信徒和慕道友是不同的，针对他们各自的需求，他们需要不同的礼拜服务。慕道友需要发现或重新发现他们的信仰，而信徒需要加深他们对信仰的理解。慕道友服务可以在星期日方

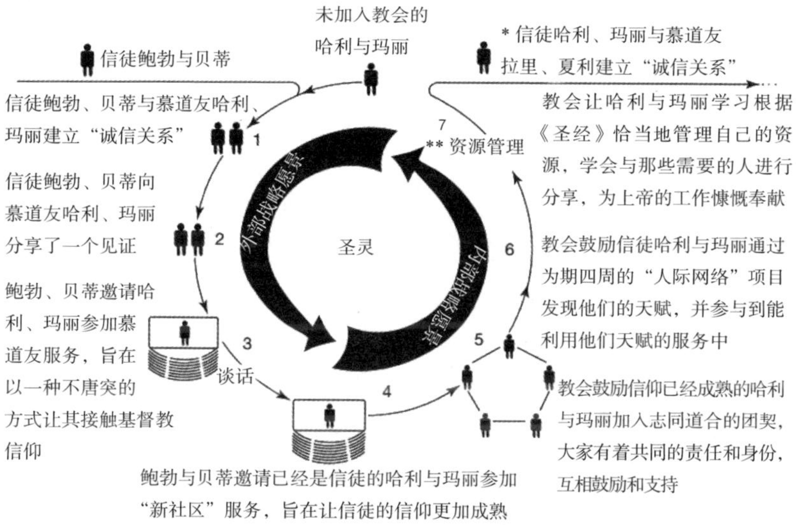

注：* 改变信仰后可以立刻开始新的循环。
　　** 95% 以上的工作人员来自教会内部。

图 5–1　柳溪社区教会吸引慕道友的“七步战略”

资料来源：雷奥纳多 · A. 施莱辛格，吉姆 · 梅拉多，“柳溪社区教会（A）”，691~102 页（波士顿：哈佛商学院出版社，1991 年）。

便的时候进行，而针对信徒的服务在平时的晚上就可以进行。这颠倒了主流传统教会的逻辑，其通常是更加迎合教会成员的需求而忽视非教会成员（从业务角度看，即潜在客户）。但是，以希贝尔斯青少年时期的观察为依据，柳溪社区教会已经将传播福音从国外转回国内，教会的主要工作是接触那些已脱离信仰的人。

同样，在为慕道友提供服务的过程中，明确告知未加入教会的人不必向奉献箱做出贡献。简单地说，教会允许慕道友“免费试用”。这样做可以帮助他们，要么接受信仰，要么离开。因此，在每次慕道友服务结束时，希贝尔斯会传递一个表示尊重但故意施加了一点压力的信息，比如，“我们相信你是聪明人……具有足够的智慧和自我反思的能力。我们刚刚向你呈现的那些，只是你和上帝之间的事，或者你和家人之间的事。如果你想要了解更多，就请加入我们；如果你现在觉得不感兴趣，我们也不会再冒犯，去继续你原来的生活吧；如果你之后改变心意，可以来找我们，我们就在这里。”

树立最佳第一印象

几乎和执行任何一个良好的战略一样，柳溪社区教会采用的方法从一开始就非常注重细节。教会负责人努力思考柳溪社区教会将给第一次到访的慕道友留下怎样的印象。他们设想了慕道友抵达教堂的路线，将其称之为“主街”，并精心设计教会的各个方面，尽可能创造出令人愉悦的印象——从被精心照料的花园到服务周到的志愿者员工，指引慕道友到达停车地点，帮助他们进入教堂，并回答他们可能提出的任何问题（以一种平和而非咄咄逼人的语气回答），[5] 对细节的关注可谓非常严格。据建筑维修部门的负责人说，“我们甚至不喜欢在建筑物的任何地方使用“故障中”的标志，因为我们认为这是在传递一种‘这儿已经坏了很久’的信息”。[6]

许多教会希望慕道友初次来到教会就建立信仰，并让正式信徒认识他们。但柳溪社区教会通过研究了解到，慕道友至少在初始阶段希望保持低调。所以很少有戴着徽章的慕道友和你说：“你好，我的名字是……”无论如何，大多数慕道友第一次参加柳溪社区教会服务都是应信徒的邀请。对于慕道友意愿的尊重，使他们更加相信，他们加入教会的过程取决于是否接受教会的真实、令人信服的教义和精神，也正因为如此，他们才能在毫无压力的情况下做出决定。

随着时间的推移，低压法也被证明是非常成功的。希贝尔斯说，柳溪社区教会后第一个安息日吸引了大约 125 位礼拜者。“这一数字随后降到 60 人左右，然后才稳定下来，接着又开始增长。目前，有约 27 000 人参加每周末的定期礼拜。”

柳溪社区教会在发展过程中，一直专注于持续创新。例如，在 2014 年，柳溪社区教会开始了一个名为“实践”的试验，该试验思考基督教学习的新方法，并将其转化为日常行为。在接受《领导力》杂志（今日基督教出版物）采访时，柳溪社区教会牧师史蒂夫·卡特和亚伦·尼奎斯特介绍了他们为期 18 个月的试验的部分工作。

我们针对“健身房”这一比喻进行了很多讨论。讲道对教会的发

> 展至关重要，但坐在会堂里能教给你的是有限的。当思考我们在大多数聚会中所做的工作时，我们发现这些聚会都是以讲道人为中心。这只是一个教室，如果我想学习如何跑马拉松，我不会想在教室里了解有关马拉松的知识，我会想跟教练一起训练。所以我们会问，如果教会相比教室而言更像是健身房呢？如果教会聚会的时候我们更多的是一起实践，而不仅仅是坐下来听道呢？这是一种不同的学习方式。这就是我们把试验称为实践的原因，重点是教会信徒如何在星期一到星期六实践基督徒生活的纪律以及遵守耶稣旨意的不同做法。[7]

卡特还谈如何维持盒 1 和盒 3 之间的积极关系："我认为核心是必须要有信任。盒 1 必须相信盒 3 没有试图破坏或替换它，同时，盒 3 也必须亲近和感谢盒 1 为自己创造了试验的机会。这一切都要求负责两个盒子的领导者'相亲相爱'，并且以谦虚的态度相互学习。"[8]

显然，教会在许多方面与商业组织不同。但卡特的"处方"仍然得到大多数企业的广泛接受。我受到这种"三盒"解决方案中关于"包容性"的启发，即这个框架非常灵活，可以适用于许多不同类型企业的情况，无论是对于教会、电信公司还是咖啡酿造设备的制造商来说，这个框架都是可用的。

第二次创新：柳溪协会

柳溪社区教会在 20 世纪 80 年代稳步发展。由于它在教会成员总体呈下降趋势的时期实现了增长，被视为一个有趣的离群值，因此引起了其他教会牧师的关注。他们想知道柳溪社区教会成长的秘密，也想知道他们是否可以复制它。希贝尔斯与牧师会面并回答他们问题所花费的时间越来越多。涓涓细流成为一条小溪，然后变成汹涌洪水。1988 年,《时代》杂志刊登了一篇关于柳溪现象的文章，引起了人们的进一步关注和兴趣，“最后，有几百个电话打进来，这样下去可不是办法”。

概念验证试验

希贝尔斯本可以按照自己的时间表，只满足一小部分牧师的好奇心。但他一直坚持将柳溪社区教会定位成“上帝心目中的教会”。[9] 在每一次转折时，无论是什么事情，他都会以开放的心态面对——这是坚持了几十年的价值观。

针对这个难题，希贝尔斯有了一个设想：创建一个独立的教会领袖培训机构。这个机构是独立于柳溪社区教会的，因为他希望教会着重关注服务和发展当地的会众，也希望避免其他导致注意力分散的潜在可能。

尽管如此，希贝尔斯还是花了几年时间才创建起一个独立机构——柳溪协会。起初，他尝试将领袖培训作为教会活动的一部分，定期召开会议，以满足众多教派的牧师对于柳溪模式的学习需求。1986 年的第一次培训只有 26 人，但到 1992 年，来自世界各地的参与者已多达四五千人。当然，人员流失情况也相当严重，这一点不足为奇。所以教会承认这个培训必须有一个独立机构来加以组织管理，并且其唯一的任务就是培训牧师和教会。

希贝尔斯在1992年成立了柳溪协会，开展和提供柳溪模式的课程。他组织了一些工作人员，其中一些来自柳溪社区教会内部，还有一些是外部招聘的，让他们负责组建这个新的组织。这一措施说明了柳溪社区教会在平衡三个盒子方面的优异表现。希贝尔斯利用内部人员和外部人员结合的专业团队建立了一种盒2中的防范体系。虽然专业团队与绩效引擎不同，但柳溪协会借用了柳溪社区教会的主要资产，即基于知识和最佳实践，构建了“柳溪成功秘诀”课程体系。

柳溪协会的成功是“混合组织模型”的成果——一个既独立又具有联系的组织完成的盒3中的创新。

一直以来，柳溪社区教会都持续运行盒1中的业务——传播神的旨意（见表5-1）。

表5–1　柳溪：盒1思想与盒3思想

柳溪社区教会和柳溪协会		
商业模式组成	**柳溪社区教会（盒1）**	**柳溪协会（盒3）**
消费者	•“不属于任何教会的哈利与玛丽”或者“慕道友” • 信徒	• 其他基督教会的负责人 • 初始消费者：早期采纳者与创新者
价值定位	• 赞美（赞美上帝） • 教化（深化精神信念） • 传播福音（向“不属于任何教会的人”伸出友爱之手） • 社会行为（“世界的良知”）	• 传播管理创新理念 • 帮助教会繁荣发展

（续表）

柳溪社区教会和柳溪协会		
商业模式组成	柳溪社区教会（盒1）	柳溪协会（盒3）
价值链架构	• 在服务中利用音乐、戏剧和多媒体 • 在现代环境中传递经文内容 • 针对未加入教会群众的“七步战略”	• 针对团契的研讨会形式 • 侧重于战略与领导力的课程 • 全球领导力峰会
竞争力	• 神学培训 • 转化非消费者	• 思想领导者与思想实践者 • 专注于教学或学习方法论 • 商业知识

柳溪协会有自己的一套运行体系：培训独立的教会领导，建立一个柳溪模式的新型教堂。柳溪协会与所有感兴趣的人分享它的课程，解决了牧师排长队等待与希贝尔斯交流的问题。随着时间的推移，柳溪协会还成为一种新的福音现象，将柳溪的理念传播到全球数以千计的教会。

吉姆·梅拉多发现柳溪

在柳溪协会的培训热度开始高涨的时候，一位年轻的福音派基督教徒吉姆·梅拉多作为一名十项全能运动员，前往韩国汉城（今首尔）代表他的祖国萨尔瓦多参加了1988年夏季奥运会。在韩国时，梅拉多访问了一些基督教教堂，并惊奇地发现，基督教在当地已经发展成为一支重要的宗教力量。在1952年朝鲜战争时期，“当时还没有基督教徒。然而现在，据估计，韩国约有超过25%的人是基督教徒。在那里有一些世界上规模较大的教会。事实上，世界上最大的教会就在那里”。梅拉多说。他对韩国基督教的活力印象深刻，并且“深深感动于当地教会通过良好运作所带来的积极效应和其真实地履行服务教徒的使命”。

从韩国回国后的几个月里，梅拉多被邀请访问柳溪社区教会。因为很好奇，他决定去看看。他说：“当时大约有 15 000 人参加了一次会议，虽然规模看起来比我在韩国看到的要小很多，但在美国，这种规模绝对是非常大的。我在这次会议中了解了关于柳溪社区教会的一切。我在那里待了两天半，嗯，没什么可说的了。”

在此期间，梅拉多的父亲正催促他再读一个 MBA 学位。他已经拥有工程学本科学位，但他的工程师父亲认为商业学位可以与他的技术培训互补。梅拉多说：“所以，几乎只是为了让他高兴，我开始提出申请，然后我就想，‘那为什么不选择哈佛？反正我肯定进不去’。”但他却意外地成功了，于是他就去了哈佛大学深造。

在哈佛期间，梅拉多读了彼得·德鲁克的一篇文章，其中讲到了一些非营利组织，包括柳溪，它运用了令人羡慕且有效的商业模式。[10] 德鲁克用他的例子解释道，在某些领域，许多非营利组织都在“实践大多数企业只停留在说教阶段的理念”。梅拉多向他的同学讲述了他去柳溪访问的经历，而他所说的又传到了他的教授雷奥纳多·施莱辛格那里。梅拉多说：“他让我去他的办公室，并向我了解柳溪社区教会的情况。他说，‘为什么彼得·德鲁克对一家教会有兴趣？’谈话结束时，雷奥纳多说，‘为什么我们不就柳溪写个案例分析呢？我对这个非常感兴趣。’”

这大概是 1991 年哈佛大学 MBA 毕业的吉姆·梅拉多最终加入柳溪

协会的原因了。他的各种经历——他的基督教根源、他去韩国参加奥运会的旅行、早期访问柳溪的经历，以及随后在案例研究时与希贝尔斯的会面——都使他坚信柳溪协会将成为他终身事业的核心。在 1992 年，希贝尔斯给了他加入柳溪协会的机会，他为此高兴极了。“我是第六名员工。”他说。1993 年底，他成了柳溪协会的总裁。

MBA向教会领导的转变之路

梅拉多说，柳溪协会的使命是“帮助教会繁荣发展。而我们所用的方法就是为教会准备优秀的负责人……让其成为激励教会内部开发创新性思维的催化剂”。柳溪协会的创始理念是，让负责人的成长带动教会的发展。因此，柳溪协会一直在寻求培养更好的、更有创意的教会负责人的方法。

传统教会要掌握的最难的原则就是深深嵌入柳溪模式中的反直觉使命：教会的服务是针对还未加入教会的人，即非消费者，而不是已经加入的忠实信徒。柳溪对非消费者的关注超过消费者这一行为表明了盒 3 和盒 1 之间的区别。盒 3 中的想法使存在但不可见的机会变为可能。

盒 1 中的思想会让企业或组织感觉很舒适且不受威胁，但盒 3 中的思想似乎就是反着来的。事实上，当柳溪社区教会的案例研究首次在课堂上进行讨论时，梅拉多的一位哈佛商学院的 MBA 同学认为，教会与非消费者接触的计划就像“让商务舱旅客、飞行常客和那些常年飞行且买全价票的旅客坐经济舱。然后，让第一次坐飞机——对飞行有恐惧心理的乘客——坐头等舱，所以他们可以拥有绝佳的首飞体验”。

但梅拉多指出，早期的柳溪社区教会从少数几个基督门徒发展到3亿成员就是通过将未加入教会的成员当作最重要的服务对象完成的。希贝尔斯最初设想的教会就是希望其因传教精神而显得独一无二。柳溪社区教会的工作是强调服务和服务扩展的使命，并以合乎逻辑且充满创意的方式展现未来的柳溪模式，而不是以一种很突兀的方式出现。

柳溪成功的另一个关键在于，它的创始人在创建的过程中始终围绕着一个战略。梅拉多说：“战略和教会是两个几乎没有交集的词语。”有些人（包括一些商业教授和学生）会认为，将商业规则应用于精神追求是不合适的，毕竟推销耐克运动鞋和传播福音之间有着很大的区别。宗教是私有的，也是个人的，信仰这件事也不受战略支配。

然而希贝尔斯并不同意这种观点。尽管决定是否接受某一宗教或者从一种信仰转变为另一种信仰的行为可能完全是个人行为，但是向慕道友提供宗教信息和体验、帮助他们决策的这项工作却是由战略支配的。希贝尔斯说：“我认为，通过教会来满足人们的精神、身体、情感和认知上的需求比推销鞋子要重要得多。但是，（我不能）将我的大脑与身体分离，让战略不要存在，然后浪费资源，浪费人们的时间，没有任何目的。”

柳溪的目的性很强。虽然教会非常尊重慕道友做出的关于加入或离开教会的私人决定，但在所有可能有助于影响决策的其他事项上，战略引导了决定加入教会的各个方面。然而，重要的是，柳溪没有在作为教会基础的新教信仰体系方面添油加醋。但是，由于柳溪协会吸引了许多不同基督教教派的牧师，其课程也并不主要关于神学，更多的是关于教会在礼拜、服务扩展和有效管理及人事关系管理方面的创新。

关于柳溪社区教会在其创立之初的特别之处，我再怎么强调都不为过。当然，它的一些独特之处要归功于希贝尔斯早期的商业经验和教育。但是，希贝尔斯观点的核心就是他青年时期的观察，即宗教信仰的“非消费者”越来越多，更糟糕的是，许多教会对他们所处的困境表现出了不可思议的漠视。这个问题终于在 1975 年引起关注并寻求解决办法。而柳溪协会将会把解决方案提升到一个新的高度。

柳溪协会想法的惊人力量——特别是希贝尔斯最初认为这是让他避免分散注意力的一种方式——有可能成为一种广为传播的工具。柳溪协会的团队将建立一个将牧师培训为领导者和创新者的全球性网络。然后，这个网络将成为柳溪吸引未加入教会成员的动因，并且每位牧师都会为“教会 + 战略”这个组合增加新的元素。

发现早期采纳者

随着柳溪协会逐渐成形，梅拉多遇到了一位名叫埃弗雷特 · M. 罗杰斯的社会科学家和传播理论家。罗杰斯已经开发了一个开创性的框架，可以了解各种创新是如何普及并被接受的（他被认为是最早提出“早期采纳者”一词的人）。[11] 梅拉多找到了他，并邀请他来了解柳溪协会正在做的工作。他在柳溪协会待了一天，然后说：“你们发现了一个宝藏。真是太神奇了…… 因为柳溪是一种突破性的创新，它就像一块磁铁。所以你们不需要去告诉其他教会你们是如何做到的，你们可以毫不费劲地形成一个‘普及网络’，他们正在来这儿的路上！”

罗杰斯还说，对众多来到柳溪的人进行区分是非常重要的。他建议说，如果柳溪协会可以找出那些最有可能成为创新者和早期采纳者的教会和牧师，并针对他们采取措施，那么将加快柳溪创新的普及速度。

利用这一观点，梅拉多有条不紊地对更具冒险精神和风险承受能力的牧师和教会进行了识别。他说：“我们开始研究创新型组织和人员的特点——他们往往受过更多的教育；他们倾向于把教会做大；这些教会大多位于通信发达的世界中心城市附近；这些牧师往往是信息收集者，经常参加会议和研讨会。”

梅拉多表示，柳溪协会积极寻找那些最具冒险精神的人，“并不是因为我们对其他人不在意，而是因为我们资源有限。我们知道我们只能通过找到创新者和早期采纳者才能接触到剩下的人”。所以柳溪协会设计了目的很明确的营销策略，就是想要吸引最有创新精神的领导者和教会。

这些领导者中的很多人都参加过柳溪协会的会议，并且多年来一直在实践和传教他们所学到的东西，他们告诉梅拉多，相比自己教派的大会，在参加柳溪协会会议的时候，他们有更深的归属感。梅拉多说：“那是因为在他们周围坐着的都是创新者，而创新者倾向于从其他创新者那里学习最好的知识。”

大约 1/3 的柳溪协会会员不止属于一个教派，这就意味着柳溪是他们与上级机构的唯一联系通道。据梅拉多所述，其余成员管理着所有的基督教会，代表了 90 多个教派。

柳溪协会关于如何采用和适应柳溪模式的会议及培训计划长期以来已经取得了巨大的成功。梅拉多说："15 年来，每年参与协会的人员及协会收益的年复合增长率都达到 20%。这确实是很成功的经营情况。"

第三次创新：全球领导力峰会

虽然盒 3 取得了极大成功，但盒 2 的存在仍有其重要意义。在这 15 年间，柳溪协会无意中"创造了一个小型的教堂会议行业"，梅拉多说道。随着越来越多来自全国各地和世界各地的教会领导者参加柳溪协会的活动，他们也受到启发，分享他们学到的东西。最后，一些新一代的教会也开始做极具创新的活动。当然，这种新兴的协会不可避免地削弱了柳溪协会活动的出席率。

柳溪协会在 1992 年时属于盒 3 中的行动。但是，每个盒 3 中投资项目的自然目标就是成为盒 1 中的业务。在组织规模壮大并且成为绩效引擎之后，梅拉多的团队立即开展了几个盒 1 的线性创新：为特定类型的牧师——儿童牧师、学生牧师、团契牧师、艺术牧师及其他牧师——准备对应的专业会议和培训计划。这些品牌扩展不仅增加了新颖性，还创造了额外收入，支撑该计划继续蓬勃发展。但是到 2007 年，柳溪协会的执行团队已经开始意识到他们必须直面打造全新业务的需求，他们最终花费了 5 年才完成过渡和转型。

2008 年底，由于经济大萧条的影响，会议出席率急剧下降。这次经济衰退与柳溪协会以柳溪模式培训教会领袖的市场潜力已经挖尽这一现实叠加在一起，更加重了这一点。“现在有数千个教会看起来像柳溪社区教会。”梅拉多说道。

柳溪协会面临着艰难的选择。柳溪协会大约有 150 位雇员，其中有许多人花了 10 多年的时间在传统课程的基础上开展活动。在年度收入和出勤率的下降幅度快赶上柳溪在最成功的那几年中的增长幅度时，柳溪协会再也无法支撑这么多雇员的人工成本。在盒 2 行动中，柳溪协会在三轮裁员中裁减了 2/3 的人员。

后续创新

很少有教会有机会开发投资组合管理规则，但是希贝尔斯因为兼具传道知识和商业思维，却在柳溪社区教会中成功做到了。他说：“在这一年中，我们的领导节奏相当一致。到 1 月时，我将会带着高层领导出访三天，去询问教会的每一位牧师，然后问他们，‘哪些服务运行良好？哪些不好？哪项服务最受欢迎？我们需要停止哪些服务？我们需要启动哪些新的盒 3 计划？’”事实上，这样的活动柳溪每年都会进行两次，这有助于让每个人都能关注盒 2 的重要性。关于应该停止哪些服务这个问题直到危机爆发后才有答案，在许多企业中都是这样。

所以对柳溪协会的执行团队而言，思考协会下一步的发展是一个过程，而不是纯粹靠直觉或猜测。他们思考的结果是：组织召开全球领导力峰会。相比教授柳溪模式而言，这是一个更外向型且更能开阔眼界的论坛。

全球领导力峰会旨在为柳溪协会的成员提供接触不同领域的世界级思想领导者和实践者的机会。其根本理念就是了解教会领域内外有趣的卓越思想。它是作为一次试验推出的，能否成功尚不明确。在试验之初，甚至在柳溪协会原来的会议正被逐步淘汰的情况下，这次活动仍迅速流行开来，并呈井喷式增长。

梅拉多对全球领导力峰会的热情体现在：在演讲嘉宾的选择方面持开放心态，就像哈佛将其教会课程加入商学院的案例研究中一样。因此，发言者的标准不是以神学素养为基础，而是完全基于他们想法的质量和观点的独特性。全球领导力峰会的演讲嘉宾从通用公司的首席执行官杰夫·伊梅尔特到英国首相托尼·布莱尔，再到电影制片人、演员和慈善家泰勒·佩里。而在 2013 年，我非常荣幸地在峰会上发表了关于"三盒"解决方案主题的讲话。

即时与永恒的结合

盒 3 思想的产物通常是即时特质和永恒特质的混合。就即时特质而言，一次伟大的盒 3 创新从它的源头开始就是从一种全新的事物中创造出来的，比如一项技术或一种商业模式。如果这次创新能体现出这家企业深刻而持久的价值观，它成功的概率也会增加。这也是"三盒"解决方案定义的一部分。这个模型是一个混合体，它吸取了与过去完全不同的想法和实践，但同时也保留了企业几代积累的价值观。柳溪此次推出的活动并没有明显的宗教根源，超越了领导力对教会的重要性，很显然，这是一次非线性创新。但是，这次峰会仍然忠实于柳溪社区教会的永恒价值观——坚定地致力于让全世界接纳自己和理解自己，同时坚定地相信即使是教会也必须体现运营和战略的一致性。

梅拉多说："一个领导者必须保持这三个盒子的平衡。你必须随时保持警惕。不是盒 1、盒 2 或盒 3 中的某一个，要想成为一个领导者，就必须关注所有三个盒子。并且，你还必须知道如何在每个盒子中采取不同的行动。在盒 1 中，你必须要非常注重细节。但是在盒 3 中，你更应该把握好宏观方向。能在三个盒子之间做到无缝切换是一个称职的首席执行官的标志。"

今天，柳溪协会在 90 个国家共有 7 000 多个会员教会。全球领导力峰会每年在伊利诺伊州南巴林顿柳溪总部举行。2014 年，峰会共吸引了 22.5 万人参加，其中包括 9.5 万在场的教会领袖和 13 万来自世界各地通过全球广播电视收看的观众。

柳溪已成为"三盒"解决方案的产物。如果希贝尔斯对教会的定义仍是传统意义上的，如果他没有开放柳溪社区教会，让它成为上帝心目中的教会，那么这些创新都不会发生。然而，更重要的是，柳溪从体系上完成了维持、忘记和创造的周期，让每一个目的都有对应的季节。

教会能够将其使命、活动和创新转化为可执行的盒 1 流程，而这些流程又受到盒 2 的持续审查，由此产生了一种公开质询的文化，为进一步的盒 3 试验提供了空间。

微小实践，持续变革

持续开放咨询的精神是“三盒”解决方案的主要副产品，它对于我提出的“变革准备文化”至关重要。变革通常是最具挑战性的，也是最常被憎恶和抵触的。如果很少进行变革，其通常的结果就是产生危机。“三盒”解决方案正是一种持续变革的方法，是微小的日常实践，但能随着时间的推移产生巨大的变化和可持续性的战略态势。

我曾有机会观察 TCS（塔塔咨询服务公司）的“变革准备文化”的发展，多年来，它曾多次改变其商业模式及战略和运营重点。因此，它不仅仅是跟上了变革曲线的步伐，还能够确定其变革进程。如果 TCS 没有采取这样的行动，那么它就不会有剥离呼叫中心业务（我在第三章的专栏中曾提及）的远见和勇气。有一点需要注意，塔塔公司施行这项行动时，没有任何明显的问题征兆，并且这项业务正处于快速发展的阶段。

平衡在很大程度上取决于你现阶段对自己的了解程度和定位，以及与你对未来设想的一致程度。这就是 TCS 能够认识到呼叫中心业务背离了其核心目标和永恒价值观的原因，即这条路通往的未来违背了公司的初衷。但是，这样的见解与切实采取行动叫停一项很有前景的业务之间有着很大的距离。这样做需要战略上的信心和首席执行官拉姆非常强悍的领导力。呼叫中心业务的剥离是一次激进的盒 2 举措，为其他同样重要的举措扫清了障碍，例如重新改造人力资源（详见专栏：盒 1 外的人员雇用）。

盒 1 外的人员雇用

TCS 在剥离其呼叫中心业务的同时，还为更具战略性的未来做准备。它重新改造了人力资源部，这个部门被许多企业错误地视为工作单一且不受干扰的部门。首席执行官拉姆及其他高层开始质疑公司人力资源部的设计和使命，这个部门一直承担着主要后勤办公的行政事务工作。据拉姆所述，“人力资源小组在搜寻新的人才方面几乎没有任何作用”。[12] 这一点需要改变，否则塔塔的人力资源能力将会一直停留在满足呼叫中心业务的水平上，无法满足完成公司更广泛的人才需求。

由于公司的发展旨在成为客户战略目标的中心，TCS 需要提高其员工队伍的战略技能。此外，这不仅需要多样化且先进的 IT 技能，而且还需要复杂的咨询技巧，以及对 TCS 投标涉及的各个行业的竞争性有敏锐的了解。拉姆还补充说：“虽然公司已经采用了入门级招聘系统化流程，但我们没有太多招聘 IT 行业以外资深人士的经验，我们需要这些资深人士为公司带来行业知识和咨询技巧，并增加公司基层员工的多样性。”

拉姆认为，为了这个项目的成功，人力资源部需要进行全面的改造。有一个问题尤为突出：人力资源和运营一直太过分离，并且“大多数人力资源经理几乎或完全没有运营经验”。这个问题非常严重，“因为 IT 企业人力资源部的一个主要职能就是将人员分配给各个项目组。那么问题就在于如何为一个项目在恰当的时间分配具有合适技能的人员，同时最大限度地减少人员在项目转换之间的‘候补时间’”。[13]

因此，拉姆选择了一个运营奇才来完成人力资源职能的改造任务。这个人叫帕德马纳班（Padmanabhan），也被唤作帕迪。“他是一个温和且说话轻声细语的人，已经在 TCS 工作了 20 年，有着丰富的运营经验。”[14] 但是他并没有完全被说服。拉姆说，TCS “被认为是身体购物者①，一家人力资源能力平平的成本套利公司…… 帕迪认为这一举措实际上会让他直接出局，但我希望他能够应对挑战并改变现状。”[15]

所以拉姆给帕迪自由创造他心目中的人力资源部的权力。TCS 迫切需要成为能够快速吸收和整合新知识的企业。帕迪经常把自己置于挑战的中心。例如，TCS 难以拿下美国的一位大客户，而帕迪想了解这个问题，所以他出差去美国和客户见面。据拉姆回忆，“这位客户告诉帕迪，他们的员工感觉受到我们提案团队的威胁——因为这是一个“全是印度男性组成的团队”，但对方的员工男女比例比较均衡。这是价值多样性的教训，于是我

① 身体购物者（body shopper）指喜欢从工资低廉的国家或地区购买劳动力的机构或个人。——编者注

> 们就开始招聘当地的销售人员，并加紧雇用各个地区的女性”。[16]
>
> 最终，帕迪重建了人力资源部，将其工作重点放在5个方面：提高生产力，寻找人才，留住人才，培养技能更多样的领导者，以及规划领导力传承。每一个工作重点都具有战略性，并且都提高了计划性机会主义中组织实践的前景。
>
> 在先后两任首席执行官拉姆和钱德拉塞克兰（Chandrasekaran，2009年被任命为首席执行官）的领导下，TCS的销售额从1998年的5亿美元增长到2014年的120亿美元，在15年内增长了24倍。新的人力资源部在促进TCS发展方面发挥了重要作用。如果TCS没有剥离其呼叫中心业务，人力资源部的工作也很可能在呼叫中心人员更迭的负担中被耗尽，永远没有正确的未来。

拉姆在TCS任职37年后于2009年退休。钱德拉塞克兰接替了拉姆，继续公司的转型之旅。在第四章中讨论联合租赁公司时，我注意到一件事，即在经济危机开始的时候，当时的环境是如何迫使企业改变战略的。这也证明了，联合租赁公司在行业内的其他竞争者还没动手之前，就有针对性地完成了削减成本的措施，在一定程度上是很幸运的。因此，即使在经济最低迷的时候，联合租赁公司也能够对其长期目标进行战略投资，改变行业内的竞争性质与特点。公司在两次变革之间游刃有余的能力可以通过企业恢复信心和发展更成熟的变革准备机制而得到强化。

从2009年初开始，TCS也准备进行新的战略投资，抵御经济大萧条的影响。像联合租赁公司一样，TCS加深了对高精密数字企业该如何更好地为客户服务这一问题的理解。和孩之宝一样，通过读取新技术中的弱信号，TCS创造性地推测了未来的机会，包括前景与争议并存、由普适网络设备组成的物联网，这些网络设备中的内置传感器持续地进行信息收集、分析和分享。因此，从2010年开始，TCS推出了一系列举措，建议客户关注企业数字战略中所固有的机会。就像IBM一样，TCS已经并持续在云计算和大数据分析上押下巨大的赌注。

从这种变革准备文化观点中获得的启发是：它们由平衡的“三盒”解决方案推动，而这个方案展示了各种各样的计划性机会主义举措。这些举措不是临时性的，而是程序化的。一个绝佳的例子是TCS创造了一种人力资源功能，其招聘主旨是为了公司的未来，而不仅仅是现在。就像迈克尔·尼兰与员工的会面，他把未来将会强加给联合租赁公司的要求以及公司将实施的变革放在这些会议中讨论。在这层意义上，你可以合理地推断出“三盒”解决方案并不需要有现成的变革准备文化，而是随着时间的推移创造一种变革准备文化。

最后，在我们继续阅读第六章前，最好回顾一下第一章中孩之宝的布莱恩·戈德纳展示的案例。戈德纳认识到实现三个盒子平衡的目标是他的基本责任之一，因此他每周都对三个盒子给予适当的时间和关注。

正如吉姆·梅拉多所观察到的，“各个盒子之间的无缝切换”是领导者保持企业平衡的不变法则。就像电影《拜金一族》中的房地产销售人员被告知“一切为了成交”一样，可持续发展企业的领导者必须牢记“一切为了平衡”。这项任务需要的不仅仅是非线性思维和可执行流程，它还需要6种行为的组合，这一点我将会在后文讨论马恒达集团领导力的时候详细阐述。

本章要点

- **为非消费者的问题投入时间和创造力是违反常理的非线性战略。**

  企业很容易只关注现有消费者。但是，随着许多教会在 20 世纪六七十年代注意到了信徒的持续减少，除了从其他教会吸引信徒——零和游戏——他们还必须吸引非消费者队伍的注意。大多数企业都不怎么花时间了解那些还不是他们客户的人。

- **有时非线性跳跃可以通过其他线性实践的启发产生。**

  在比尔·希贝尔斯青少年时期，他的一个重要见解就是发现了把在海外传教的牧师召回国内的需求。麦当劳创始人雷·克罗克受到启发，将流水线制造技术引入餐厅，从而发明了快餐商业模式。发现存在于不同领域的战略相关性和商业模式相关性的远见就是一种盒 3 思想。除了为未加入教会的人提供教会的基础性洞察，希贝尔斯还具有借鉴创意的本能。

- **维持、忘记和创造是周期性更新过程的一部分。**

  天气为人类提供了可观察的季节变化的迹象。除非它否认自己的存在，否则一家企业可以在其各种业务的可衡量绩效中学习到周期性变化的迹象及其弱信号和盒 3 中非线性思想的即时性所展示的新兴趋势。虽然人类无法改变季节变化的规律，但企业需要留心变化的迹象。

- **一个由不带感情色彩的盒2中的实践和流程组成的规则是实现周期性更新模式所必需的。**

  然而，企业还是会常常成为习惯和情感的牺牲品。许多企业从来不问自己最难的一个问题，即我们应该停止哪些业务。因此，成功的“三盒”解决方案需要把机制程序化，以询问和回答这个问题以及盒 2 的其他核心问题。柳溪、孩之宝、IBM 和 TCS 等都致力于通过结合运营流程、组织架构和管理行为在三个盒子之间取得平衡。

- **培训的作用被低估，且培训课程的设计常常是无用的，导致培训的作用往往得不到充分利用。**

  但是，当核心价值观和战略的成功执行受到威胁时，培训就显得至关重要。柳溪的使命是将未加入教会的人转变为信徒，这足以证明周密的 4 周培训计划的重要性。

- **平衡三个盒子有很多好处，其中之一就是它产生了一种变革准备文化。**

  这是因为三盒解决方案是应对持续变革的工具，在细微的日常积累中实现。一个企业越习惯于将变革视为运营常态，在变革过程中企业产生的不适与抵触就越少。

〉工　具

工具1：评估公司内部三个盒子的平衡状况

1. 柳溪的领导层每年召开两次务虚会，评估组织内部三个盒子的平衡情况。你对组织的工具或行动应着重关注以下几个方面：

    - 哪些业务运行良好？
    - 哪些业务运行不佳？
    - 哪项业务最受欢迎？
    - 下一步可以创造什么？

2. 未来 10 年，公司的高层管理人员的任务是什么？长期增长目标是什么？盈利目标是什么？
3. 描述一下你公司现在的处境和 10 年后你想要达到的目标之间的差距。
4. 将公司当前的所有项目分别划入盒 1、盒 2 和盒 3 中。

工具2：保持公司三个盒子之间的平衡

1. 线性（盒 1）和非线性（盒 2 和盒 3）创新的现有组合是否能填补公司

现阶段的情况和预想的 10 年后的情况的差距？

2. 如果不能，以更好地填补差距为目标，你将如何重新平衡线性和非线性项目的组合？
3. 今年公司能为填补差距分配的资源总量有多少？
4. 这些资源中，有多少将用于盒 1，又有多少会分配给盒 2 和盒 3？
5. 有什么合适的机制可用于保护分配给盒 2 和盒 3 的资源？
6. 公司在核心价值观和三个盒子策略的成功执行的培训方面做得如何？
7. 所在行业的变革速度如何？
8. 公司内部的变革速度如何？
9. 公司内部的变革速度是否比所在行业的变革速度更快？如果是这样，你的三个盒子之间可能正保持着一个健康的平衡状况。

第六章

引领创新的 6 种管理方法

在第五章中，我们从流程的视角观察“三盒”解决方案，阐述了柳溪社区教会设计目的明确的体系以及周期性活动。在最后一章中，我们来看看有助于实现平衡的6种领导行为。这6种领导行为是：（1）避开过去的陷阱；（2）留心弱信号；（3）在点滴中建设未来；（4）试验和学习；（5）实践计划性机会主义；（6）投资“你有能力控制的那匹马”（见表6–1）。

我选择了一家很有趣的公司作为“三盒”解决方案领导行为的试验地——总部设在印度的马恒达集团，其经营范围覆盖钢铁、汽车、农业、金融和酒店等行业。经营范围如此多样化的企业，其领导者不仅能够根据不同的行业规范管理独立的部门，而且还要能坚持将各部门整合为一家有着共同价值观和原则的企业。

可能最值得注意的是，自1991年以来，马恒达公司领导人阿南德·马欣德拉创造了一种锐意进取的企业文化，这种文化重视特立独行的思想者，大方包容外部影响，将风险视为一种祝福，并且慢慢地为“选择性忘记”这一艰巨任务打磨出了一套行之有效的规则。他还在企业层面实践计划性机会主义，给公司每个业务部门掌握自身命运的权力，能在当前竞争中不断拼搏，努力创造未来。马欣德拉不仅个人身体力行“三盒”解决方案，而且将其扩展到整个公司。

表 6–1　三个盒子中的 6 种领导行为

	盒 1 管理现在	盒 2 有选择地忘记过去	盒 3 创造未来
避开过去的陷阱	在盒 1 的绩效引擎中工作的人，从来不会认为过去是陷阱；相反，他们会认为这是值得继续投资的方向	盒 2 清除了过去的糟粕，即那些会排挤非线性新思想的旧思想和管理，这些新思想都是未来创新的原材料	盒 3 中的工作致力于未来的发展，其任务和绩效引擎的任务有着战略性的区别
留心那些指向长期趋势和非线性转变的弱信号	盒 1 致力于保持现有业务高效、可盈利地运营。但弱信号的出现是随机且并不明显的，所以会分散盒 1 在核心业务上的注意力	盒 2 不断完善，以获得弱信号和非常规观点。要做到这一点，就必须清理过时的思想和活动，并建立保护性结构，如专业团队等	盒 3 需要特立独行的员工和公司外部人员来识别弱信号，并以之产生非线性商业理念。领导者必须将这些理念转化为不同的观点和投资行动，以创建未来
将打造未来当作一天天积累的过程，并且意识到“未来即现在”	在盒 1 中，当前业务就是首要任务。创新相当于在一个定义明确的框架内针对短期绩效的提高进行的即兴创新。其核心在于优化当前的商业模式	盒 2 的重点是选择性地忘记过去，忘记用途已经过时的旧思想和旧惯例，因为它们正挡在通往未来的大路上。但我们要注意，并不是要否定过去的一切，而是要保留仍然相关且有价值，同时还能与新思想并存的旧思想	在盒 3 中，未来即现在。关于未来的最佳理念是非线性的，且与过去的理念不一致。非线性思想的开发和执行需要专业团队，他们不受盒 1 业务的主流逻辑、惯例和结构的影响。保证团队免受干扰，同时授权他们利用绩效引擎中的必要资源

（续表）

	盒 1 管理现在	盒 2 有选择地忘记过去	盒 3 创造未来
试验和学习	盒 1 中的试验风险较低，有过硬的数据支撑，且关注短期结果	盒 2 要根除用于绩效引擎的传统指标。盒 2 中的试验定义并不明确，所以它们只能通过最后生成的知识判断成功与否	盒 3 中试验的确定性可以在不断迭代的过程中提高，通过测试关键假设的正确性，判断是继续发展、修改还是及时退出。其目标是以一种合理的方式管理投资。因此，考量盒 3 中领导者的能力应该看重他们学习和适应的能力，而不是能否刺激短期财务目标
实践计划性机会主义，在面对变革时能游刃有余	即使是在一个稳健的绩效引擎中工作的人，也有能力预测可能的变化。盒 1 并不意味着停滞不前	通过不断评估既定思想和活动的相关性，并且剥离已经失去价值的思想和活动，盒 2 可以保证企业时刻准备着应对新机遇	打造一个关于新技能和新功能的平台，并且接受试验的规则，这是响应变革最好的准备。在这个过程中，你对未来的发展方向已经有一定的把握
投资“你有能力控制的那匹马”，以此影响你“无法控制的那匹马”	有哪些因素能威胁到盒 1 是很容易预测的。这能够保证企业在面对经济状况起伏、劳动力断层和政策调整时避免损失	盒 2 需要做出关于业务取舍的艰难决定。关注你能控制的行动的进展情况，比如有别于盒 1 的招聘技巧	关注你能控制的部分在盒 3 中能获得最好的结果。创新有时看起来一团糟，但实际它是在试验的基础上进行的，这些试验强调的就是可控性以及有序的（迭代）进程

单是流程或行为并不足以保证三盒解决方案的可持续性，二者就像肌肉和骨骼一样，不可或缺且相互依赖。想想柳溪的情况，你会看到是强大的领导力帮助其获得了制度流程上的成功。而在这一章，你会看到，马恒达集团对于流程的依赖就体现在领导者对 6 种关键行为的掌握上。

在马恒达集团，6 种领导行为源于一个盒 2 中牵涉范围宽泛的问题，即所谓的证照许可制的结束。在这个制度下，印度政府为国内企业发放执照并严格管控，同时排挤国外的竞争对手。这个制度于 1947 年开始实施，当时的印度刚刚从英国的殖民统治中独立出来，其在制度方面很多都是比照苏联式的中央计划经济模式，政府直接决定谁可以做生意、做什么样的生意、质量以及价格。由于每家企业的经营都是经过国家许可的，所以其竞争优势（可能也算不上）主要是与控制其命运的政府机构搞好关系。

证照许可制旨在让印度企业在受到保护的条件下生存并蓬勃发展，却产生了意想不到的影响，比如导致企业过于自满，限制了真正生机勃勃的企业竞争，并且抑制了创新。就其本身而言，这项制度与市场经济完全相反。但是由于印度隔绝了外部的竞争对手，所以每个企业都相差不大。

虽然证照许可制也进行过为数不多的几次修改，特别是在 20 世纪 80 年代，但制度基本上没有变化，一直到 1991 年，印度才进行了大规模的改革，导致几乎所有的企业都置身于陡峭的学习曲线的底部。

在后证照许可制时期，马恒达集团发展成为一家最成功的全球性企业。

- 截至2015年，按照销售额计算，马恒达集团的农业部门已经发展成为世界最大的农用拖拉机制造商，成功超越总部在美国的竞争对手约翰·迪尔。
- 在为西方汽车制造商组装了10多年的汽车之后，在没有自主设计能力的情况下，马恒达集团的汽车部门突破性地打造了一款名为“天蝎座”的SUV（城市多功能运动车）。这款车在2002年推出，并且直到现在仍然卖得比福特、雷诺等公司的对应竞争车型好。
- 整体而言，马恒达集团的业绩无疑是出色的，特别是在全球经济大萧条的情况下。2003—2014年，其销售额从13.5亿美元增长到170亿美元，增长了13倍。其股票也从2002年的22美元增长到2014年的1 418美元，增长率高达6 500%（股价兑换成美元）。

但这些都不是巧合。阿南德·马欣德拉遵循了平衡的优先顺序，即现在、过去和未来都得到了应有的关注。在此过程中，他帮助公司从一家自给自足的受国家保护的企业转变成一家能适应市场竞争的可持续发展的企业。

避开过去的陷阱

1981年，阿南德·马欣德拉从哈佛商学院毕业后，回到印度，在家族企业中工作。当时的马恒达集团是一家庞大但缺乏活力的企业，业务涉及众多行业。这位刚毕业的 MBA 最早是在公司的钢铁部门工作。

马欣德拉说，当时的钢铁行业是“一个非常安逸的行业”，只有几家企业，而且这些企业都使用相同的方法和技术生产出质量和价格相当的钢铁产品。创新理念对于这些公司的文化非常陌生。从 20 世纪 80 年代开始，政府决定扩大钢铁产业，但政府没有把许可证给像马恒达优劲钢铁公司和其他同样依靠资本密集型电弧炉的企业，而是给了那些主要依赖于成本更低的感应炉的生产商。“突然之间，这个本来只有 5 家企业的行业迅速蓬勃发展，”马欣德拉说，“因为你甚至可以在你的后院搭起一个感应炉！”

因此，在印度的钢铁行业，新技术引起了国内企业本可以避免的危机：真正的竞争威胁突然爆发。马欣德拉评论说：“我接手的是一家黄金时代已经结束、仓促间就参与到竞争中，但还不知道‘竞争’二字如何写的公司。”[1]

回想起来，马欣德拉认为，通过应对新涌入的竞争对手，他在应对 1991 年的挑战中抢占了些微领先地位。当时证照许可制刚刚结束，而混乱且激烈的全球竞争即将开始。印度企业所面临的挑战从根本上说就是学会竞争，这意味着它们要忘记自 1947 年以来的几十年间它们认为理所应当的想法。

俗话说，不积跬步，无以至千里。任何一个优秀的项目经理都会认为将大规模且复杂的项目拆分成小型、可管理的模块才是最好的做法。但同样重要的是，选择能够产生巨大影响力的第一步，能够促进后续步骤进行得更顺利。通常情况下，项目经理选择所谓的容易达成的目标，即很明显且很直接的目标，可以迅速说服怀疑者，让他们相信项目的总体目标最后一定可以实现。

将赠品变为奖金

1991年，阿南德·马欣德拉从钢铁部门升至马恒达集团的领导。由于证照许可制已经结束，所以此时最紧迫的任务是尽快清除公司的自满心理。一个公司的过去往往深深植根于其文化中，包括习惯流程、固定程序和理念体系，所以选择性地忘记过去可能需要将企业文化从过去的习惯和期望中释放出来，保证其能够迎接全新环境的挑战。

马欣德拉选择了一个必然会有困难和有争议的改变——每年的排灯节奖金。这项奖金不仅具有象征意义，更是一个珍贵的传统和员工权利。这项奖金作为额外补偿发给在排灯节工作的员工。虽然奖金通常被用于奖励表现出色的员工，但随着时间的推移，排灯节的奖金渐渐变得更像是赠品。就其本身而言，马欣德拉认为这个奖项是证照许可制下的骄傲自满与市场机制之间的巨大鸿沟的写照。

简而言之，排灯节奖金是一项广受欢迎的传统，因此他可以在这上面大做文章。印度经济陷入僵局，公司也陷入困境，所以马欣德拉并没有发奖金的兴趣。“在我们第一次发奖金的时候，我就问‘为什么？这是奖励什么的奖金？’得到的答案就是，‘这是我们一直以来都发的奖金’。”马欣德拉摇摇头，然后说，“奖金不应该是一种权利，应该是为了绩效而发。奖金是为了奖励额外绩效的额外奖励。”所以他取消了这项奖金的发放。

这个消息在公司内引起众怒。有一天下午，马欣德拉从他的办公室窗户往外看，“看到一线工人偷偷走出厂房，向我走来，冲着我叫嚣”。在包围中，他与工人僵持了4个小时后，终于同意在第二天坐下来与工人代表会面。他在那次会议上说：“我们可以看到，这个国家已经没有钱，政府打开国门允许进口，并且允许全球的企业在印度竞争。我们也可以看到，印度的企业正在苦苦挣扎。环境告诉我们，我们必须忘记过去的惯例。新的环境需要一套新的流程和程序，以此满足更高的劳动生产率要求，而目前的劳动生产率仍然不足。‘你必须要为此而努力。奖金现在就只代表其字面上的意思！’这就是我们让公司（开始）忘记过去的方法。”

从坚定且可见的信念开始

毫无疑问，划清界限需要勇气。这种清晰可见且公开展示的领导力，其重要性再怎么夸奖都不为过，尤其是当它们以现实为基础并以真实的信念表达出来的时候。

排灯节奖金事件引起了一系列员工反抗事件，这些事件涉及马恒达集团的众多部门，包括在一家发动机工厂发生的停工三个月的事件。这些事件的发生在大规模的“忘记过去”运动中是可以预料到的，忘记从来不是件容易的事。马欣德拉的目标是用绩效驱动的文化替代自满的传统文化。

企业最终走出了这段动荡时期。马欣德拉说："这是一个重大转折。一旦我们熬过去，我们就会在生产力上得到120%的提高。"就好像退烧一样，"我们从来没有回过头"。

留心弱信号

弱信号是形成非线性思想的原材料。那些在企业中相对较少且非常分散的特立独行者往往最不容易受到过去成功的主流逻辑的影响，并且他们从气质上讲最有可能感应到弱信号。因此，作为企业管理者，一个关键的责任就是找出这些特立独行者，并确保他们的想法能得到聆听和重视（参见专栏：接收弱信号）。

马欣德拉一直在包容特立独行的思想者，并让他们享有声望，毕竟这些人有时会与同事发生冲突或不能很好地和同事相处。他对这些角色的包容基本上就是一种彻底的机会主义行为。这些特立独行的人看待世界的方式往往和别人不同，因此更有可能想出非常规的解决方案。不幸的是，他们往往容易和人起摩擦，而这一点也通常掩盖了他们的优点。从长远看，这是企业的损失。

接收弱信号

盒3中的战略是通过读取弱信号来预测非线性变化，即一种新出现的且尚无法验证的指向未来的线索。弱信号不应该被看作众所周知的东西。它们最有可能被那些刚进公司或者是在边缘岗位工作的年轻员工发现，也有可能发现者完全是个公司外部的人员。想要深入了解这些人的见解需要一个纯粹的盒 3 中的流程，也就是要采取以下两种形式之一：精心挑选的特别小组或全民参与。

特别小组。当我在 2008—2009 年担任通用电气公司的首席创新顾问时，我们设计了一个用于盒 3 思想头脑风暴的流程，旨在扩大通用电气医疗集团在印度的业务。在其盒 1 业务中，通用电气医疗集团制造了几款高性能的复杂医疗成像设备（X 射线机、CT 扫描仪、超声波仪器），高价销售给印度的顶级医院。公司的高层管理团队为这些产品制定高效的策略，因为盒 1 关注的是当前的客户和竞争对手，针对这些客户和竞争对手有很多既定来源的客观数据可以用于指导决策。

另一方面，盒 3 主要是建立一个为非消费者服务的未来业务（在马恒达集团指的是印度农村里很难获得医疗保障的人），以及与非传统竞争对手竞争，包括当地的小型企业。但未来业务无法获取来源丰富且清晰的数据。为了应对这一挑战，我们组建了一个盒 3 特别小组，成员都经过精挑细选——20 名来自公司内部的高管，但不全是公司高层。最重要的是，每个人都是所谓的特立独行的思想者，且相对比较年轻，大多数人在通用电气医疗集团的工作年限不超过 5 年。我们还从外部聘请了 20 个人，包括医院管理人员、非消费者、医疗学者、政府官员及监管机构工作人员。

这个 40 人的小组花了一周的时间来发现暗示各类非线性变化的弱信号。利用这些“原材料”，团队集思广益了盒 3 中的思想，希望以超低成本生产“足够好”的优质医疗成像设备。有两个成果较为突出：其一，这个团队可以轻松地识别和理解众多弱信号和非线性变化；其二，它对通用电气医疗集团高端的医疗成像设备没有过多的兴趣。

全民参与。另外还有一种可能有用的模型，可识别和作用于难以捉摸的盒 3 中的见解，利用这种模式能够吸引一类定义明确的人群。

印度最有价值的公司——IT 服务公司 TCS（在第三章和第五章中都讨论过），使用了一个名为 Ultimatix 的数字平台，让其 30 万员工能够在这个平台上与 TCS 管理层分享弱信号、新鲜视角和盒 3 思想。例如，TCS 的创新团队使用移动端、社交和云端的 Ultimatix 进行竞赛和即兴讲话，并征求和讨论具体的盒 3 中挑战性的想法。在 Ultimatix 中可能存在一个典型的问题，即 TCS 如何在新兴经济体的卫生和教育领域创造非线性商业模式。

由于潜在的回复人数多达30万人，所以即使一小部分的人参与都会让筛选工作压力倍增。但是，TCS已经开发了一款软件应用程序，可以筛选大量的回复，确定共同的主题，并放大最有前景的潜在增长策略。

这两种识别新想法的方法在恰当的情况下都行之有效。特别小组可能更适合于相对范围较窄的问询，例如，我们的高成像产品如何改造成低成本的产品，让非消费者能够负担得起？而全民参与则提供了一种很好的多用途收集途径，用于几乎不限范围的随机观察和想法，在进行试听、审查、进一步完善后付诸行动。很明显，这两种策略可以组合使用。从类似Ultimatix的系统中收集到的想法可能会被一个特别小组改进，或者特别小组的成果可能需要群众的反馈意见。

了解特立独行者的重要性

能在刚上任不久就了解到特立独行者的价值，马欣德拉无疑是幸运的。马欣德拉作为公司的负责人，审查各部门的研发情况是其众多职责之一。1991年，他在汽车部门遇到了难题。该部门制造了一款六座吉普车，其特点就在于载客量较大，有时甚至能容纳15~20位乘客，但底盘却容易因为频繁超载而断裂。因此底盘断裂的次数就成了主要问题。

由于公司的工程师无法改变客户使用车辆的方式，所以他们决定设计出一款更坚固耐用的新底盘，以满足客户的需求。但新的设计需要用新型金属冲压机，成本约 800 万美元。“在那时，这是一笔巨资，”马欣德拉说，“没有人有勇气批准这样的资金支出。”

当马欣德拉的副手提醒他关注一位名叫山帝仕·达哈努卡的年轻人后，僵局就此打破了。山帝仕·达哈努卡想要开发出能够满足高耐用设计却不需要购买新型金属冲压机的管状汽车底盘。

相信预期风险

马欣德拉说：“我们给山帝仕 15 000 美元初始资本进行试验。我们将风险分为三个阶段。可能发生的最糟糕的情况是，我们会损失 15 000 美元。但是，如果我们不相信像山帝仕这样的特立独行者，我们永远不会忘记过时的做事方式，我们永远不会接受变化，并在变化中取得成功。我们有能力给他这笔钱，并且在每取得一定进展后给他更多的钱。当然，很快他就解决了所有底盘裂纹的问题。这是一次巨大的胜利，因为这是一个看似棘手的问题，（可能）需要一笔巨大的投资，但因为我们相信他，所以我们找到了另一种解决方法。”

据马欣德拉回忆，山帝仕在该公司任职期间，“从来没有能够很好地和别人一起工作。但是大家知道我包容这样的人”。马欣德拉让山帝仕直接向他报告，让他避开了由主流逻辑造成的压力。（可以回顾第三章中没有类似“高层掩护”的新猴子是如何被老猴子快速洗脑的。）

最终，在非常规解决方案中投资的 45 000 美元节省了马恒达制造公司近 800 万美元。这次经历让阿南德·马欣德拉充分认识到投资特立独行者所具有的价值。他愿意倾听公司特立独行者的非常规思想，这一点也逐渐渗透至公司的领导层文化中，甚至影响了更多人，因为一旦有创意的特立独行者知道他们的想法能够获得公司最高层的认可，他们就会更加频繁、更加自信地表达自己的想法。

2014 年，马欣德拉在艾哈迈达巴德印度管理学院的开学典礼上致辞，他鼓励毕业生像他接纳山帝仕 · 达哈努卡一样敢于承担风险。“我现在回想起过去的日子，当我没有去冒那些我能承担得起的风险时，当我没有问问自己是否有新方法可以解决我正在做的事情时，当我没有把目标设置到我自己的极致时，我都觉得那些时光被我浪费了。”[2]

在点滴中建设未来

马欣德拉接手公司的头几年都是在将盒 1 转变为一个运作良好的竞争引擎。在全印度，企业都习惯让政府为它们做最重要的决定，而现在这些企业必须了解一个开放的市场是如何运作的。可以肯定的是，对他们所有人而言，这是一次非常重要的提升过程。马欣德拉说：“在一家企业的历史上，会经常在某个盒子上投入了过多的时间和精力。鉴于我们正在从证照许可制的保护中走出来，所以我们在 20 世纪 90 年代初期的重点就是提高核心业务的绩效——典型的盒 1 表现。

例如，证照许可制中指定的工厂工人每天的生产配额只需要花费 4 个小时的时间就能完成。马欣德拉说：“我们必须让公司认识到‘拉动’体系是什么——是根据市场需要提供产品…… 而不是根据一些预先确定的配额来简单地分配产品。配额制度已经过时了！”

马欣德拉通过为生产率、业务流程重组和短期财务目标建立延伸目标，并在这三个方面将衡量指标和激励措施向可衡量的结果靠拢，以此推动盒 1 中的绩效。到 20 世纪 90 年代中期，马恒达集团正处于蓬勃发展阶段，已经有能力考虑未来。无论在什么场合，马欣德拉都会说：“领导的作用就是保持平衡。我们必须立即学会同时在三个盒子中行动。”

联邦结构

未来是由你今日的所作所为塑造起来的。如果领导层今天实行突破性的组织设计，那么突破性的商业模式创新就可能在明天出现。阿南德·马欣德拉在盒 3 中最大的组织创新很有可能是他在 1995 年为马恒达集团设计的联邦结构。联邦结构帮助公司做好了突破性创新的准备，这一点他在实行之初并没有想到。

该结构有三个明显的特征。

第一，马欣德拉继承了一家按功能进行组织的公司。例如，一位制造副总裁就要监管各个部门的工厂，其中涉及各行业竞争和各类产品。在这样一个体制下，很容易就会发现战略集中化对发展重点的影响有多大。联邦结构将马恒达集团重组为 6 个产业：汽车、汽车零部件、农用设备、金融服务、软件和基础设施。每个产业都在一个有实权的、负责任的首席执行官的领导下独立运作。管理层可以一心一意地关注行业内部的竞争和发展，充分利用印度释放出的增长速度。

第二，马欣德拉承诺，一旦业务部门达到临界质量，就在证券交易所上市。投资者可以购买马恒达集团旗下子公司的股票，而不必连剩余的子公司股票一同购买。（到目前为止，集团旗下单独上市的公司包括：马恒达科技公司——一家软件业务企业；马恒达金融公司，它通过向农民提供融资促进拖拉机的销售；马恒达制造公司，包括汽车和农用设备生产；马恒达房地产开发公司；马恒达俱乐部，主营分时度假酒店业务。）这和大型联合企业或多元化企业形成了鲜明的对比，因为这两类企业的股价都反映了其业务部门的综合价值。现代金融理论新加了一个“集团化折价”理论，因为这种去集团化的做法可以让投资者更有效地使投资组合多样化。同时，一个联邦体是多家独立上市公司的集合，每家上市公司只集中于一个领域，但有一个共同所有者将它们联系在一起。

第三，在马恒达的联邦体系中，企业核心部门不能仅仅坐等数钱。它通过促进公司组合中的知识共享以提供“捆绑”服务；在研发、采购和制造方面发挥协同效应，并作为每家自营公司所共享价值观的监管者。在这些方面，马欣德拉在自己的联邦方针和私人股本公司的实践之间做出了两点重要的区分：一个是私人股本公司拥有独立公司的花名册。引用马欣德拉的一句话就是，“私人股本公司可以通过财务重组使公司扭亏为盈。但我们要通过战略转型和经营转型才能做到”。还有另一个区别是，“风险投资人通常有 7 年的转归期，但对我们来说，这是一个严重的错误。在马恒达俱乐部，如果我们在第七年采用经典的私人股本投资模式，并且全部售罄，我们将失去把 500 万美元投资转化为 10 亿美元业务的机会”。

联邦结构为业务部门提供了自主权，但同样能够通过共同的目标、价值观、资源共享、问责制以及阿南德·马欣德拉的领导地位，给予它们足够的监管，将处于不同行业的企业绑成一个整体。换句话说，每个部门都有根据自身行业定义的特别议程，但相互之间又有足够的亲属关系，将它们组成一个家庭，而不是一群在公共汽车站随机聚集的陌生人。

通过创建一个合理分配重点领域的结构，将管理重点放在部门首席执行官和目标设定、知识共享以及联邦中心的总体管理上，“我们的目标是将‘集团化折价’转化为‘联邦溢价’。”马欣德拉说，“与大型联合企业的结构不同，最终我们的愿景是建立一个上市公司的联邦，且每一家独立上市公司都要接受市场考验和市场规则的约束。”

马恒达的经验表明，结构创新也可以是非线性的。如果未来是在当下的点滴中建立起来的，那么一家企业的目标就是保证这个过程中结构上的摩擦降到最低。

建立包罗万象的战略焦点和目标

架构并不是唯一需要的。尽管马欣德拉在创建权力自主的部门方面花费了大量心血，但到了2000年，他开始担心市场对整个公司的评估不合理，并且有些部门的确绩效不佳。在收集了外部观点之后（无论是负面的或是正面的），他开始意识到可能他自己才是争议的原因。“显然，我没有说清楚我们正在实现的价值杠杆。”马欣德拉说。他的初步结论是，他需要找到一种改善内部沟通和外部沟通的方式。然而，进一步的分析让他明白，问题的关键在于不同部门之间缺乏战略上的透明度。

为了做到这一点，并传达公司的核心目标和价值观，2002 年，马欣德拉推出了被称为“绩优股大会”（Blue Chip Conference）的年度盛事——一个为公司高管提供机会陈述下一年理想目标的活动。在此过程中，他把马恒达集团与 1945 年（印度独立前两年）公司的创始原则更紧密地结合在一起。从本质上讲，那个时代的马恒达集团希望成为一家与众不同的企业：重视工作和工人的价值，在符合道德的基础上盈利，并通过制造首屈一指的产品来建立印度全球的声誉。

绩优股大会已成为每年重温“成为一家与众不同的企业”这一理念的平台。会议的议程打破了行业界限，并围绕主题设定了预期，比如客户焦点和全球领导力，以及近期创新的产品和服务增长的硬目标。它为未来绩效设定了远大目标。但没想到在会议召开后——令人哭笑不得的是，在这一年，马恒达集团被孟买证券交易所从领头羊名单中剔除（后于 2007 年恢复）——公司经历了一轮前所未有的增长。[3]

此外，通过 6 个不同部门的共同参与，绩优股大会成为公司清晰表达自己的一种方式。因此，那些曾经将大部分时间花在自己产业内部优先事项上的部门和业务线（曾在“我们与其他部门没有什么共性”的思维下运营），现在能有机会看到它们其实是大集团的一部分，其意义和目的超出了各部门简单相加之和。

最后，这次会议也是显示近 70 年来在核心价值观的引领下公司变革成果的有效途径。它为未来的创新提出了明确的方向。从这一点上说，它强化了“三盒”解决方案的周期性本质。

试验和学习

马恒达制造公司最出色、最成功的产品创新就是2002年推出的天蝎座SUV。天蝎座的设计工作是该部门打造的首款原创车型。在那之前，马恒达制造公司已经是吉普车在印度市场的授权制造商。因此，该公司通常是按照其跨国合作伙伴提供的设计进行生产。但马恒达也会在这些设计上做些微修改，以保证车型适应印度人的偏好和使用要求。

可以肯定的是，这些合作伙伴教会了马恒达如何成为一家具有高度竞争力和高效率的制造商。但是，尝试车辆设计却是公司有史以来做得最大的一个项目，激情和风险并存。

1993年时，为了实现这个目标，阿南德·马欣德拉请来了曾就职于通用汽车公司的帕万·戈恩卡来领导马恒达制造公司的研发工作。在通用汽车工作时，戈恩卡说他专门做发动机设计，但并不是整个发动机的设计。“我专注于发动机的某些部分。所以当我来到马恒达，我要考虑的是整辆车。这是我事业的一次全新变化。”

从汽车组件一下子跳到整车级别，这让戈恩卡非常兴奋。在车辆研发方面，马恒达给予他完全的自由，只要他认为合适的，就可以去做。“马恒达公司吸引我的地方就是，在这里，我看到了印度汽车产业将进入其演变第二阶段的迹象。”戈恩卡评论道。

在天蝎座项目进行之前，马恒达制造公司的研发重点主要是对经授权生产的车辆进行增值改进。如果戈恩卡之前还在反思离开底特律这件事，那么当天蝎座项目在1997年完成后，所有的犹豫都消失了。

在一次工厂访问期间，阿南德·马欣德拉看到了一款SUV的设计草图（这将成为天蝎座的基础）。这幅设计草图是由26岁的设计学院毕业生希亚姆·阿勒帕里设计的，在这之前，他从来没有设计过汽车。马欣德拉说，当这位年轻的设计师向他展示了天蝎座的图片时，"我记得我内心被激活了，你知道吗，我们在这里看到的就是公司的未来"。回想起这件事，马欣德拉说："（希亚姆）的上司告诉我，'这个家伙和谁都处不好'。他刚告诉我这件事，我的脑中有一丝光芒闪过。我说，'太棒了。如果他和谁都处不好，他可能就和山帝仕一样，我会给他一个机会'。"

马欣德拉是家族企业的第三代传人。他有哈佛商学院MBA背景，并且在战略与运营方面具有明显的现代化视角，所以他希望天蝎座可以帮助他刷新当时已有50多年历史的公司形象和绩效。[4] 马恒达制造公司在汽车行业的声誉主要在于其生产的在农村地区使用的吉普车。在这些地区，客户最了解的就是马恒达公司生产的山地拖拉机。但是，在跨国公司占领的城市地区，马恒达汽车的市场渗透率相对较低，而且该公司并不是以汽车制造而闻名。[5] 但是天蝎座将会改变这一切。

线性还是非线性

根据戈恩卡的回忆，从一开始，就有两个可能的创新方向可以用于第一款原创车型：盒1或盒3。按他的话说，"是试着把别人已经做过的事做得更好，还是做一些完全不一样的东西？”

尽管公司内部有一些人倾向于采取保守的“把别人做过的事做得更好”的方式，但是戈恩卡在考虑自己背景的基础上，认为马恒达不可能在底特律的汽车制造商的游戏中打败它们。所以他们不仅需要打造前所未有的车辆，而且还要创造一种新的游戏规则。

戈恩卡说：“不要试着正面迎敌，因为你的赢面很小，所以必须迂回前进，打造一款在印度市场中至今无人涉及的产品。”

马恒达制造公司有着丰富的山地吉普车生产经验，当时的那些吉普车是今天 SUV 的前身。但截至 1997 年，还从未有过一款既时尚又现代的印度设计的 SUV，并且这款 SUV 会有广泛的用户，其价格能被大众接受。从市场的角度来看，其终极思想就是让马恒达制造的品牌更具国际魅力，并且能推出一款最终可以在全球市场中竞争的 SUV。

独挑大梁

与福特汽车公司组建合资公司的选择在早期阶段就已讨论过了。阿南德·马欣德拉表示，他们将天蝎座的设计展示给福特的高管看，包括当时的福特董事会主席亚历克斯·特罗曼和副总裁韦恩·布克。他告诉他们，研发预算预计 1.2 亿美元，但福特当时说在美国制造这样一辆车至少要投资 10 亿美元。在马恒达展示他们的“天蝎座”项目时，福特公司的高管们听得聚精会神，他们看着基于年轻的设计学院毕业生的原始草图设计的黏土模型，点头说道：“不错。”

然后布克向特罗曼建议道，考虑到马恒达缺乏开发原创车型的经验，福特应该派出数十名工程师支持这个项目。特罗曼回答：“韦恩，我们不能这样做，如果我们派给他们 30 名工程师，那么这辆车从外观、气味和成本上看，都和福特车相差无几，这并不是我们想要的……如果他们能按照他们说的成本做出这款车，那么我们就应该好好向他们学习汽车制造。”

马欣德拉回忆说，这是一个非常幸运、非常自由的时刻。“如果他们没有让我们深入到底，那会发生什么？我们恐怕永远也学不会如何制造一辆车。”

回顾往事，戈恩卡这样评价天蝎座：“它向我们表明，我们有能力从零开始——没有人员，没有流程，也没有设计知识——开发这些能力。我认为，天蝎座造成的影响和创造的附加效益不仅对于汽车部门，甚至对于整个集团都是巨大的。”[6]

迭代试验

正如我在本书中强调的，迭代试验法是在任何盒 3 的项目中解决不确定性、测试假设、提高学习和降低风险的关键。无论天蝎座会为马恒达集团创造什么样的未来，该项目无疑都是有风险的。因此，试验法将是天蝎座计划的重要组成部分。这些试验不仅包括与天蝎座设计相关的技术问题，还包括新车上市、资本化和生产的方式。

戈恩卡设计了一种最与众不同的测试天蝎座商业模式解决方案的方

式：他要求在天蝎座开发的同时，批准开发另一款现有车辆的新版本，称为博莱罗——一款更小、成本更低的SUV，可以作为天蝎座部件、技术、设计、制造和营销策略的测试台。虽然天蝎座毫无疑问是印度自主构想的第一辆SUV和马恒达汽车制造的第一款原创车型，但博莱罗在很大程度上被认为是天蝎座的试验品。

例如，戈恩卡表示，马恒达制造公司利用博莱罗测试其公司设计和制造原创车身仪表板的能力，这些以前都是外包出去。戈恩卡说："这有助于培养我们的自信。"事实上，为天蝎座设计的许多其他部件和系统同样都是先在博莱罗上进行测试。每个测试组件——特别是由外部供应商提供的技术——也是对天蝎座新的采购策略的测试（详见后文）。

虽然博莱罗项目的启动稍晚于天蝎座，但它的推出比天蝎座提早了两年。对博莱罗的快速跟进如此积极的一个原因是为了有足够的时间在它身上进行各种试验，并获得结果，然后在天蝎座上进行必要的改进。戈恩卡说："三个月的缓冲对于试验来说并不足够。"事实上，博莱罗并不是一款全新构想的产品，而是一个现成的汽车平台，在两年的观察期内，博莱罗可以为天蝎座的最终成功进行大规模的功能测试。

专用团队

为了研发天蝎座，马恒达组建了一个约120人的专业团队。这个团队分为若干各类小型职能小组，所有小组都被放在一起，让他们离得足够近，交流的时候不需要走太远。[7] 整个团队都向戈恩卡报告。为了打造一个充满凝聚力的团队文化，所有成员，包括领导者，都穿制服上班。

除了团队文化这样的象征性推动力之外，还有其他关键因素也推动了戈恩卡的设计工作。马恒达制造公司在新车设计方面没有经验。所以，如果说公司没有成功的经验可以吹嘘，当然失败了也没有任何遗憾。从这个意义上说，马恒达制造公司的优势是一块白板，没有包袱。另外，在做任何事情之前，必须先为新车设计制定新的规则。

利用白板的最好方式就是选择思想开放的研发人员，并且对项目先入为主的观点越少越好。因此，专业团队的人员选择偏向于年轻人，平均年龄为 27 岁。年轻人对旧的办事方式的了解较少，并且天生更愿意从不同角度思考和行事。为了保证天蝎座项目顺利进行，研发团队必须具有高度的创造性、适应性、灵活性和机会主义精神，并且，最重要的是，要竭尽所能地节俭。

事实上，阿南德·马欣德拉认为，在天蝎座项目中最激进的创新并不是技术性的，而是改变了做事状态。“团队学会了用尽可能少的资源做尽可能多的事。天蝎座项目的节俭真正体现了盒 3 的特性。”马恒达说道。

是供应商，更是研发合作伙伴

出于节俭的要求以及马恒达制造公司缺乏汽车设计经验，马恒达决定试行新的采购关系。

底特律模式中的供应商关系是垄断性的，缺乏创造性。供应商坚持将自己的角色定位成服务方。而汽车制造商在企业内部进行了所有的设计工作，并将制定的规格交给供应商。然后供应商就按照设计规格准确地进行生产，完全没有机会展示原创的想法或创造力。这样会限制供应商提出更节省或更多功能的想法，但这是资本世界的运作方式。

另一方面，马恒达制造公司想通过把供应商当作设计合作伙伴来挖掘它们的聪明才智。因此，在规定的预算和性能阈值范围内，供应商被赋予不寻常的自主权，可以开发它们认为合理的系统。[8]供应商合作伙伴的成果包括韩国 SL 公司做出的悬挂系统，印度 Lumax 的汽车前照灯，以及美国李尔公司的汽车座椅等。供应商非常重视能展现自己的知识、学习和拓展的机会。马恒达说："所有主要的系统都是由供应商设计和策划的……马恒达制造公司仅参与了制定绩效目标和成本，并最终把各个组件组合成一个整体来完成最终项目。"[9]

幸运的是，马恒达制造公司把握住了时机。天蝎座项目进行的时候，正是汽车供应商产能过剩的时期。按照戈恩卡的说法，许多大型的跨国汽车技术供应商——贝尔、博格华纳和李尔等在印度开设了工厂，希望吸引美国汽车制造商的业务，但业务进展缓慢。戈恩卡说："所以，它们非常希望研发一款新产品……期待天蝎座可以大量投产，为它们带来业务。"同时，印度供应商也被说服，认识到它们要想在全球市场取得成功必须要具备强大的工程技能。"许多供应商都会告诉你，它们今天之所以做工程是始于 15 年前与我们的合作，促使它们不得不学习工程技能。"戈恩卡继续说道。

在这样的条件下，马恒达制造公司得以发展出高度协作的供应商关系，而且没有超出预算。事实上，马恒达制造公司很大程度上依靠供应商来降低成本。而且这些关系是透明和协作的关系，保证了供应商和马恒达之间能完成高度的双向沟通。

之所以给予供应商这种创造性自主权，主要有两个动机：弥补马恒达制造公司缺乏关键技能的缺陷，以及把供应商作为真正的合作伙伴以寻求降低成本的新途径。马恒达的战略采购主管约翰尼·马普高恩卡是这样描述这种协作关系的："如果他们不能履行合同，我们会很乐意重新谈判。每当他们回复我们说成本过高了，我们就与他们合作一起寻找一个在预算范围内的解决方案。这个过程最初很困难，因为他们不太习惯一家汽车公司会听自己的意见……但随着时间的推移，他们意识到我们确实想合作。我们后来意识到，供应商开始主动地为我们节约成本了！"[10]

天蝎座的研发成本可能只是一家大型汽车制造商投入的1/10，但对马恒达集团而言，却是它有史以来下的最大的一次"赌注"。"你必须忘记，你以前从来没有在任何项目上花过这么多钱。"马欣德拉说，"你必须忘记，你没有任何打造一辆汽车的能力、方法和流程。你只需要抱着一个非常非常强烈的愿望，去转变，把公司带进另一段征程。"

扩展市场

阿南德·马欣德拉想要的更远的征程是先获得声誉。他强烈地渴望天蝎座能让马恒达制造公司摆脱山地农用器械这一标签。并不是为农村客户提供服务有什么问题，而是正在现代化、国际化的印度——甚至已经超越这个范畴——提供了更广阔、更有价值的待开发市场。博莱罗在测试印度城市消费者对设计精良且功能齐全的SUV的兴趣方面发挥了扩展试验作用。

虽然博莱罗更小更便宜，也不像天蝎座那样经过精心设计，但它的设计很时尚、舒适，并且功能多样。而且这是一种对新营销手段的测试，相比马恒达制造公司之前习惯使用的信息和概念，这次更强调微妙的信息和概念。此前，戈恩卡曾表示，整个公司的汽车营销手段“非常通用”，更侧重于功能和效用，而不是造型和风格。博莱罗通过颠覆这些传统打开了新领域，并开始在市中心的买家之间建立口碑。

在天蝎座推出之前，马恒达制造公司就认为，最好不要强调马恒达品牌，而是将其列在车名之后。在所有广告中，“我们都称之为‘天蝎座’。然后，在名字之下以更小的字体显示‘马恒达出品’。但从来没有出现过‘马恒达天蝎座’或者‘马恒达制造公司天蝎座’的说法。此外，天蝎座的商业广告试图传达一种‘典型的劳斯莱斯广告’那种让人梦寐以求的感觉，并且能与印度群众很好地联系起来。”

天蝎座的营销团队也决定不将它称为SUV。印度的SUV市场还没有发展起来，戈恩卡说，这个术语对印度的消费者而言意义不大：“我们只需要称之为汽车就好了。”

戈恩卡的核心任务是发动机设计，所以他还对天蝎座的另一优势引以为傲：它是印度第一辆使用可提供100马力发动机的汽车。他说：“我认为当时已经达到109马力，这在印度的大众消费市场上是闻所未闻的。”

由于实行了节俭工程，高品质、低成本的天蝎座仅以竞争对手

30%~40%的价格开售。2003年1月，它被三个独立的组织分别评为“年度最佳汽车”。[11]天蝎座推出后的一年半内，印度消费者抢购了近35 000辆汽车。大部分买家是城市居民，而博莱罗最终也重新定位，为农村消费者传递“梦寐以求”感。天蝎座继续在印度超越其竞争对手，并已扩展到许多其他市场，包括亚洲、南美洲、欧洲、非洲和澳大利亚。

如果没有阿南德·马欣德拉对马恒达集团未来的直觉，天蝎座就不会出现。因为这纯粹是一种创业冒险，正如戈恩卡所观察到的，它违反了传统商业规划精准计算的原则。在那个时候，他说，这个想法可以归结为：“我们不在乎内部收益率是多少，我们不在乎净现值是多少，我们也不在乎能不能承担得起，但是我们知道，如果我们不做，我们就不会（继续）存在。”

最后，就像马欣德拉一样，戈恩卡将天蝎座视为一次彻头彻尾的创新。这是一个面向新市场，依托新的发展战略、激进的成本目标和新的商业模式的新产品类别。“我们利用博莱罗作为一个试验品，在下更大的赌注之前，从它身上学到很多东西。很多人认为天蝎座是一次产品创新，但它不仅仅是一款新产品。我们设法在天蝎座中创造了产品与市场之间的和谐。我们开发了一个新的商业体系，这才是它成功的原因。”

实践计划性机会主义

我还注意到阿南德·马欣德拉的一个特质，当他解决问题或面对机遇时，他不会孤立地看待它们。他会透过这个问题，或者（事实上）是一次机遇，去看它们背后产生的条件和环境。

一个很好的例子就是关于他如何处理市场对马恒达集团各项业务的估值过低的问题，这些业务既独立又统一（如本章先前所述）。马欣德拉不仅想解决一个问题，而且要尽可能了解深层次的情况，搞清楚问题存在的原因。

例如，他认为自己作为领导者和沟通者的失误是一个很大的影响因素。他谦卑地承担责任。他不只改变了自己的行为方式，还进一步发现整个公司缺乏对战略的清晰了解。然后，他提出了一种机制——绩优股会议，把战略重点当作每个部门的焦点。因此，绩优股会议不仅成为解决问题的一种方式，而且也为未来可能带来的任何挑战或机遇做好准备。

马欣德拉不同寻常的思想过程揭示了计划性机会主义的重要性。相对来说，解决问题是一种低价值活动，而改变产生问题的条件则是计划性机会主义的核心。随着时间的推移，解决特定问题成为一个更野心勃勃地改变游戏规则的机会。

在这种情况下，马欣德拉在 1993 年决定聘请帕万 · 戈恩卡来解决马恒达制造公司缺乏汽车设计专长的难题，这次决定是向更广泛的业务转型迈出第一步的重要步骤：随着时间的推移，建立越来越自信的工程能力。从某种意义上说，这与克里格决定聘请凯文 · 沙利文是一样的，克里格希望沙利文能利用自己的通用电气背景，在高要求的消费市场上建立克里格的产品创新能力。这种远见是计划性机会主义的一个重要方面：你正在四处观望未来的需求。1993 年，在天蝎座项目开始前的 4 年，马欣德拉就预测过一次尚未出现的机遇。当机遇真的来临的时候，戈恩卡迫不及待地抓住了它。

但是，戈恩卡承认，在通用汽车公司工作了14年之后，在有着10亿美元的研发预算和两万名工程师的团队里工作过后，来到印度，面对马恒达制造公司的研发状况，他还没有做好准备——在一个有50名工程师同时办公的棚屋工作。他评论说："我必须承认起点比我想象的要低得多。"[12]

幸运的是，20世纪90年代初，阿南德·马欣德拉曾经参观过几家设施完备的研发中心，如施乐的帕克研究中心（PARC）和克莱斯勒在密歇根州奥本山的研发机构。他对这些组织的结构设计印象深刻：以自助餐厅为中心，激励工程师之间自发和随意地互动。马欣德拉说："他们告诉我，'要创造一种环境，让各个部门的工程师在吃饭的时候可以分享心得'。也就是说，汽车世界的发展与产品开发工程同步进行。"[13]他很快就了解了这种做法（不同创意之间的融合）的价值，于是他就有一个梦想，希望用一个全新的研发中心——可以复制他在美国研究中心观察到的激励环境和创造性交流——来替代小棚屋。这个想法就是打造一个中心设施，可以同时容纳马恒达集团主要汽车工程团队。它是创造性协作和偶然迸发的洞察二者最匹配的推动者。

马恒达研发谷（MRV）于2005年开始动工，并于2012年在印度金奈揭牌。到2015年，MRV在4个领域——汽车产品开发、农用产品开发、动力传动工程和先进技术——拥有2 600名工程师。MRV是计划性机会主义的另一个实例——建立一个能力平台，使马恒达有机会追逐新的方向。这项投资的回报包括：从初始概念到产品发布的研发速度提高了20%；能同时开展多项任务；具备了自主研发更多工程的能力，不用过多依赖外部顾问。在MRV工程师的帮助下，马恒达制造公司推出了成功的新产品，其中包括XUV 500，这是销售速度最快的SUV，以及拖拉机行业市场领导者Arjun Novo。"MRV的工程师正在开发20种新产品或产品变体以及3种新型拖拉机平台，并开发了许多新技术，包括车载信息娱乐、替代燃料、排放、安全标准、轻量化汽车（降低车身重量）以及提高燃效。"戈恩卡说道。[14]

除了MRV，马恒达还在底特律（聘用了不到100名工程师）开设了一个小型技术中心，吸收和利用发达世界工程师的经验，并与双龙汽车公司在韩国成立联合研发中心。这三家机构在许多项目上都彼此合作。

显然，马恒达集团和阿南德·马欣德拉都从计划性机会主义造成的新情况中创造了巨大的偶然价值（详见专栏：为不可预测的未来规划）。

为不可预测的未来规划

阿南德·马欣德拉和马恒达集团的成功在很大程度上是因为他们通过应用计划性机会主义来预测未来的能力：

联邦结构。在设计新结构时，马欣德拉为马恒达集团的每个不同子公司设立了激励机制，让它们享受一定的自主权，并可通过优异绩效获得市场奖励。联邦结构改变了公司对自身和外部利益相关者的看法。观察家也改变了对它的看法，并由此产生了许多有盈利的衍生公司，让更多的马恒达子公司在证券市场上市。

包容特立独行者。马欣德拉有一种发现、听取和尊重特立独行者想法的能力。本章强调了两个这样的例子：山帝仕·达哈努卡和希亚姆·阿勒帕里。由于阿南德·马欣德拉以身作则，选择人才时不拘泥于性格成为一种在整个组织中传播的最佳实践。高管们学会了根据人才的内在潜力来评估新想法，而不是根据任何曾提拔过他们的人的想法。

盒 2 成为一种企业文化。新的视野对任何公司而言都有很大的价值。马欣德拉提出了一种做法：聘请一些他钦佩的已退休的高级管理人员，并将其安排到马恒达集团内。例如，联合利华在印度业务有一项政策，即在员工 58 岁时强制其退休，“但很多人仍然觉得自己很年轻”。所以就有一名这样的高管开始在马恒达集团人力资源部从事兼职工作。但是他想要做更多的事情，所以马欣德拉让他出任马恒达集团一个子公司的首席执行官。马欣德拉说：“他脾气不太好，和大家的关系不太融洽，但他业务做得很好。他把整个业务拉回了正轨。”马欣德拉招募了许多经验丰富的已退休但仍然渴望迎接挑战的人员。他说：“外部人员帮助集团克服了“遗忘”这个问题。他们不仅不受现状的束缚，而且还能带来新的想法。有了他们，我们就能拍出电影《十二金刚》！”

绩优股大会。这个会议为每个部门如何投入时间和精力提供了方向。这也有助于在公司内培养一种共同的使命感，尤其是一家包含完全不同业务的企业。这种新的共同使命感有可能将两个或更多个部门联合在一起，而这些机会是很容易忽略掉的。例如，MRV 现在是汽车和拖拉机部门的研发基地。帕万·戈恩卡说：“这是世界上唯一一个将汽车和拖拉机的研发放在同一个屋檐下进行的地方。[15]”

适时冒险的历史。一个领导者不断地将公司的未来押注在不确定的努力上，早晚会失去控制。但在天蝎座，马欣德拉在正确的时间下了正确的赌注。在招募了足够多人才之后，他就已经预料到这一刻，让这些人才来领导一个可靠并且有创造性的研发工作。天蝎座是马恒达制造公司占据全球汽车行业一席之地的一次千载难逢的机遇。

投资“你能控制的那匹马”

回顾第二章中运用的一个关于试图平衡两匹马的比喻，一匹可以被有效控制，另一匹无法控制。问题的关键是分清楚这两匹马。我第一次看到这个比喻是在伊丽莎白·吉尔伯特于2006年出版的《一辈子做女孩》一书中，但长期以来，它也一直是一个重要的商业话题，每个管理层的决定和策略都必须权衡影响它的约束条件和意外事件，任何要成功的商业计划都有各种各样的约束条件。

当然，你通常会很容易陷入难以驾驭的环境中而产生愤怒："为什么这匹不听话的马一定要和我那匹听话的马放在一起呢？"但平衡三个盒子的工作必须尽可能地重点关注你可以控制的因素。影响你无法控制的那匹马的最佳方式就是专注于可以控制的那匹马。

举个例子，当阿南德·马欣德拉意识到他需要做一些事，因为外部分析师和大型投资者低估了他的大型联合企业。他并没有急于改变他们的想法，相反，他必须考虑他们说的不只是随意或不公平的评价，它必须确认他们的怀疑是有原因的，而这就是他需要下功夫改变的方面。所以他反思自己的表现，然后再到整个公司的各个部门。他发现，他没能成功地在公司内部传达明确的目标感，结果导致整个企业既不协调一致也没有凝聚力。他找出了改善的方法——关注他可以控制的环境（例如他自己的行为），而不是纠结于他不能控制的（比如分析师和投资者的行为），是改变市场对马恒达集团认知的最有效方式。

因存在固有的风险和不确定性，盒3的重点是关注可控因素。在盒3中你可以控制的"马"指的是有规律的试验流程，即有条不紊地试验设想以增加知识和确定性。新知识不仅通过解决不确定性增加了确定性，还会暴露未来试验中必须考虑的潜在的难以驾驭的因素。

例如，由于马恒达制造公司在新车工程和设计方面的经验不足，所以在进行天蝎座项目的时候，需要依赖外部供应商。因此，天蝎座在采购策略方面的试验就是测试马恒达制造公司的极端违反常规做法的方式，即通过给予供应商极高的信任和较大的权限，以更好地管理汽车研发成本。[16] 这本身就是一个非线性过程的创新，此外，它还建立了一个从供应商到马恒达工程师对新需求达成理解的反馈循环。

通常情况下，成功地执行盒 1 业务的经验会让人觉得自己达到了人生巅峰。你已经培养和完善了必要的内部技能和流程。你了解你的客户和市场，已经学会了预测并适应这个节奏，无畏起起伏伏。你有信心，有时甚至有点傲慢地认为，你知道下一步该做什么。不久之后，你就试图牵着盒 1 中乖顺的马匹一直穿过盒 2，然后进入盒 3，完全没有停下来考虑哪些东西需要被忘记。最后你就会停在你的舒适区中。

可能马恒达最舒适的选择就是在福特的帮助下进行原创车型研发。但即使是福特的董事长亚历克斯·特罗曼也明白，这不是个好主意，这将导致最后生产出来的车型既不新颖又没有什么不同，也就是“从外观、气味和成本上看，都和福特的相差无几”。

最终，为了迈向未来，马恒达需要逃离其舒适区。与此同时，还要选择令人振奋、激励人心的“不适区”，即高风险的盒 3 冒险。盒 3 中恰当的控制重点是由无知而不是自满推动的。因为你还不了解新客户、新技术、新商业模式和新型风险。因此，你通过有条不紊的调查和发现寻求控制方法。即使在高额赌注的刺激下，马恒达采购战略的领导者也对供应商表现出了足够的灵活性和耐心。他们寻求的是合作而不是主宰，因为倾听与合作是最好的学习方式。盒 3 几乎完全是一个学习的过程。

根源、枷锁以及平衡文化

在这些事件发生的年代，马恒达集团开发了一种看待自己的新方式，并制定了一个品牌战略，将公司精神凝练成一个词：提升。在这个词的背后是一个 70 年的故事，将 1945 年时马恒达集团创始人的愿望和价值观与之后世界和公司的变化方式这一现代化认知连接起来。

值得注意的是，马恒达集团最初愿景中的要素在今天的“提升”构想中得到保留：成为一家鼓舞人和社会的企业，不限制员工可能取得的成就。[17]

正如我在第一章中提到的，对于企业和员工来说，从根源和枷锁的角度去思考是很有帮助的。对于一棵树而言，根部维持其生命，如果根被切除，则树将死亡。同时，枷锁产生限制，它们限制了行动自由，并威胁到潜能。盒 2 是必须区分根源和枷锁的地方。这些主要的区别最终揭示了你的企业究竟是即时的且终将枯萎的，还是永恒的且至关重要、必须保留的。在马恒达集团，“提升”帮助公司了解了根源和枷锁之间的差异。

“提升”是一个简单的概念，有相当多的思想和经验基础。阿南德·马欣德拉利用“提升”指导盒 2 中关于公司多元化业务组合的决策，他评论说：“‘提升’这个概念将越来越多地成为投资组合逻辑的一部分，这就是使核心目标变得非常有价值的方面。‘提升’企业可以让你在取得良好进展的同时还能做好事。”例如，马恒达集团拥有一个住房信贷部门，其部分业务旨在帮助不断增长的中产阶级住上体面的房子，这也是这家公司“增长最快的业务”。其他的“提升”还包括：企业投资了太阳能和农业综合企业，并将健康保险扩展到目前还对这个概念没有什么认识的市场中。

另一方面，公司有一天可能会面临与国防业务相关的投资组合决策。在那样的背景下，马欣德拉说：“至少有一点，我们已经决定永远不会做任何可能被视为进攻型武器的业务，我们永远不会制造弹药。”目前，公司正为军用车辆研发防爆装甲。

因此，你可以看到平衡三个盒子是如何让一个又一个企业在一些细节方面变得独一无二的，其中包括不同的价值观，有些是在道德层面，就像我们在柳溪社区教会、联合租赁公司以及克里格等看到的。在每个企业中，都需要区分根源和枷锁。在联合租赁公司这样通过收购战略快速发展的年轻的公司，我们看到了首席执行官迈克尔·尼兰、董事会主席詹妮·布里特尔和其他高管提出的运营价值观。在重新设计盒1的艰苦工作中，即使在困难的环境中，他们展开了透明和坦诚的沟通，也培养了尊重员工的习惯。这种习惯将成为联合租赁公司根源体系的一部分。但有些行为将会随着时间的推移转变成为枷锁，就像柳溪社区教会在看到需要改变会议的基本性质和目的时所了解到的那样。

作为领导者，阿南德·马欣德拉似乎有一种平衡的本能。无论是与生俱来还是历尽曲折才学会的，首席执行官的主要责任就是打造平衡文化，以及确保日常运作的平衡。正确实践这一规则就像是上午巡房的医生：它要求医生既能高度集中于一个病人的情况，同时又要有意识地及时将注意力转移到下一个病人身上。可以进一步延伸这个比喻，因为每个病人都不一样，医生需要不断调整治疗方式和方法，以达到最佳临床疗效。而三个盒子也必须按照自身条件以及其他盒子相关的情况，做到互相理解。

本章和第五章都提供了一种平衡三个盒子的计划。打造这个必要的文化需要将结构、实践和流程与 6 类基本的领导行为相结合。努力且创新运用这些想法和不同的方法将有助于保护根源、打破枷锁，构建可持续发展的未来。这是“三盒”解决方案的本质。

本章要点

- **本章描述的6种领导行为都有助于实现平衡。**

  请记住，它们不仅仅在非同寻常的情况下偶尔使用。相反，每一种领导行为都是领导日常责任清单的一部分。以任何其他方式看待它们都会将平衡的“三盒”解决方案置于风险之中。

- **这6种行为本身都很重要，其中计划性机会主义的实践可谓至关重要。**

  它在所有三个盒子中都具有相关性，并且对“三盒”解决方案的成功与否有整体影响。你不能预测未来，你只能随时准备好迎接未来给予你的。如果你可以为你的公司确定并执行一套计划性机会主义举措，你的“三盒”解决方案就很可能会蓬勃发展。马恒达集团的故事表明计划性机会主义在所有三个盒子中都发挥了关键作用，包括改变盒 1 中的文化。

- **当开始改造企业文化时，不要回避最关键的热点问题。**

  就像郭士纳试图让 IBM 更多地以客户为中心一样，阿南德 · 马欣德拉需要在公司内部引起轩然大波，从而将公司从证照许可制的低迷中解脱出来，所以他取消了排灯节奖金。先做最困难的事情可以为之后的事情铺平道路。

- **承担风险的作用被低估。**

  如果你的企业能够制定合理的风险对冲策略（例如节俭和投资特立独行者），就可以更自信从容地承担风险。帕万·戈恩卡指出，在天蝎座研发计划中，几乎所有方面，包括马恒达制造公司授权供应商的做法，都是一个旨在产生知识的试验，这些知识能降低项目的整体风险。

- **您可以做很多事情来降低“不能控制的马”的影响。**

  例如，联合租赁公司旨在通过使其客户多元化并加强与大型全国性客户的关系，帮助其将业务从更易受经济环境影响的领域转移到受影响较小的领域，从而减少其面对无法控制的经济力量时的脆弱性。同样，马恒达集团力求通过更有效地沟通、清晰地表达目标、跨部门制定战略来提高其认知价值。这些做法通过改善内部焦点和市场观念的方式使公司更加符合自身定位或市场需求。

〉工　具

工具1：企业文化中的哪一部分需要平衡？

回顾盒 3 在盒 1 繁荣发展的基础上，获得成功所需的思维方式和行动，然后对当前的企业文化进行一次清晰的洞察。你看到哪些是可能妨碍盒 3 成功的局限性思维方式和行为？你该如何通过组建专业团队，并给予他们权力实行“白板式”盒 2 中的方法来改造这些文化？你如何减轻那些关键股东煽动的文化障碍和抵抗，而且是专业团队必须依赖的氛围？你想要在整个公司中引入什么样的新文化行为来获得盒 1 和盒 3 活动之间的和谐？

工具 2：评估公司的领导（包括你自己）

三盒平衡的关键之一是有能够管理三个盒子的领导者。用以下维度来评估一个领导者。以 5 分为标准，其中 1= 完全不同意，5= 完全同意。总分不低于 27 分表示这是一位两手同利的领导者。

- 在管理现在的同时还能创造未来 。
- 有能力在两个时间维度（微观和宏观）间自如地切换：1~3 年以及

5~10 年。

- 能够评估成熟行业中久经考验的商业模式以及新兴行业的高增长战略试验。
- 有能力进行试验、学习、调整，并推动短期财务绩效 。
- 能致力于接受并领导变革 。
- 能够放弃对非线性变化而言已经过时的行为、思维方式和态度 。
- 了解在押大赌注之前，先投入小赌注的重要性 。
- 能够在行业环境中感应到转折点和非线性变化（弱信号），并且知道什么时候应该启动试验来测试新的商业 。
- 知道如何管理风险。

你的公司是如何培养、留住以及奖励擅长三盒平衡的领导者的呢？

注　释

第一章　创新者的三个盒子

1. Michael L. Tushman and Charles A. O'Reilly III, *Winning Through Innovation: A Practical Guide to Leading Organizational Change and Renewal* (Boston: Harvard Business School Press, 2002).
2. C. K. Prahalad discussed weak signals as a way to unlock the future in an article by Art Kleiner, "The Life's Work of a Thought Leader," *strategy + business*, August 9, 2010.
3. Rebranded as Discovery Family Channel in October 2014.

第二章　创造未来

1. 克里格早期的这些例子来源于保罗 · W. 马歇尔和杰里米 · B. 丹恩绘声绘色的描述。此外，本章的内容还参考了一些已公开的案例以及对迪克 · 斯维尼、约翰 · 沃利斯基和凯文 · 沙利文深入访谈的内容。
2. 吉列创新了传奇性的“剃须刀 + 刀片”商业模式，通过销售一个相对低成本的剃须刀，从高利润率的刀片销售中创造了有利可图的未来收益。

3. Marshall and Dann, “Keurig.”

4. “A Progress Update from Bob Stiller (CEO) on Green Mountain’s Investment in Keurig, Inc.,” letter to stakeholders, May 15, 2003.

5. Nespresso, website fact sheet, http://www.nestle-nespresso.com/about-us/our-history.

6. By 2013, Nespresso had achieved just a 3 percent share of the US single-serve market. See http://www.bloomberg.com/news/articles/2014-02-19/nestle-supersizes-nespresso-for-u-s-coffee-drinkers.

7. Oliver Strand, “With Coffee, the Price of Individualism Can Be High,” *New York Times*, February 7, 2012, http://www.nytimes.com/2012/02/08/dining/single-serve-coffee-brewers-make-convenience-costly.html?_r=0.

8. Eric T. Anderson, “Keurig at Home: Managing a New Product Launch,” Kellogg No. 105-005 (Evanston, IL: Northwestern University, Kellogg School of Management, 2005); 这个案例包含由克里格委托进行的研究内容，研究的具体内容我已在本文的侧边栏中进行了描述。

9. Ibid.

10. Ibid.

11. Elizabeth Gilbert, Eat, Pray, Love: One Woman’s Search for Everything Across Italy, India and Indonesia (New York: Viking Press, 2006).

12. Ed Perratore, “Keurig 2.0 Pod Coffeemaker Rejects Older K-Cups,” ConsumerReports.org, December 17, 2014, http://www.consumerreports.

org/cro/news/2014/12/keurig-2-0-pod-coffeemaker-rejects-older-K-Cups/index.htm.

13. Matt Krantz, "Keurig Mea Culpa: 'We Were Wrong,' " *USA Today*, May 8, 2015, http://americasmarkets.usatoday.com/2015/05/08/keurig-mea-culpa-we-were-wrong/.

14. Ibid.

15. Ibid.

16. Taryn Luna, "Keurig Bets on Cold-Brewing System to Heat Up Profits," Boston Globe, May 11, 2015.

第三章 忘记过去

1. A variation of this story appears in Gary Hamel and C. K. Prahalad, Competing for the Future (Boston: HBS Press, 1996), 51.

2. "Jeff Immelt: A Simpler, More Valuable GE," announcement by chair and CEO, April 10, 2015, GE website, http://www.ge.com/stories/pivot.

3. S. Ramadorai, *The TCS Story* . . . and Beyond (India: Portfolio–Penguin Books, 2011).

4. Rachel Abrams, "P&G Sells 43 Beauty Brands to Coty," *New York Times*, July 9, 2015, http://www.nytimes.com/2015/07/10/business/dealbook/pg-sells-43-beauty-brands-to-coty.html?_r=0.

5. C. K. Prahalad coined the term "dominant logic." See Richard Bettis and C. K. Prahalad, "The Dominant Logic: Retrospective and Extension,"

Strategic Management Journal 16, no. 1 (1995): 5-14.

6. 根据摩尔定律，密集集成电路中的晶体管数量大约每两年翻一番。简单地说，摩尔定律表明，技术成本将持续下降，让我们能够以更低的价格制造功能更强大的计算机。
7. IBM 在专有系统和协议的基础上进行竞争，这些系统和协议只能与其他 IBM 系统交互操作，这就导致了很严重的交换障碍。
8. Robert D. Austin and Richard L. Nolan, “IBM Corporation Turnaround,” Case 600-098 (Boston: Harvard Business School Publishing, 2000).
9. Todd D. Jick and Mary C. Gentile, “Donna Dubinsky and Apple Computer, Inc. (A),” Case 486-083 (Boston: Harvard Business School Publishing, February 1986 [revised September 2011]).
10. Lynda M. Applegate, Robert D. Austin, and Elizabeth Collins, “IBM’s Decade of Transformation: Turnaround to Growth,” Case 805-130 (Boston: Harvard Business School Publishing, 2005 [revised 2009]).
11. Ibid.
12. 关于普适计算经验的描述主要有两个来源：本人与普适计算单元负责人罗德尼·阿德金斯的谈话，以及戴维·加文和琳恩·莱维斯克的一个非常有用的案例研究。
13. Garvin and Levesque, “Emerging Business Opportunities at IBM (C): Pervasive Computing,” 6.
14. Ibid., 6.
15. Microsoft Corporation, “News Center,” March 27, 2014, http://news.

microsoft.com/2014/03/27/satya-nadella-mobile-first-cloud-first-pressbriefing/.

16. Microsoft Corporation, "News Center," July 17, 2014, http:// news.microsoft.com/2014/07/17/starting-to-evolve-our-organization-andculture/.

17. Microsoft Corporation, "CEO," July 10, 2014, http://news.microsoft.com/ceo/bold-ambition/index.html.

18. Austin and Nolan, "IBM Corporation Turnaround."

19. Ibid.

20. Monica Langley, "Behind Ginni Rometty's Plan to Reboot IBM," *WallStreet Journal*, April 20, 2015, http://www.wsj.com/articles/behind-ginni-romettysplan-to-reboot-ibm-1429577076.

21. Ibid.

22. Steve Lohr, "IBM Revenue Falls 13% Despite Big Gains in New Fields," *New York Times*, July 20, 2015, http://www.nytimes.com/2015/07/21/technology/-2015-07-21-technology-ibm-revenue-falls-13-percent-despite-big-gains-in-newfieldshtml. html?_r=0.

第四章 管理现在

1. "United Rentals Announces Fourth Quarter and Full Year 2014 Results and Provides 2015 Outlook," United Rentals press release, January 21, 2015, http://www.unitedrentals.com/press-releases/2015/united-rentals-

fourth-quarter-full-year-2014-results.pdf.

2. Jay W. Lorsch, Kathleen Durante, and Emily McTague, "United Rentals (A)," Case 414-043 (Boston: Harvard Business School Publishing, 2013).

3. 除了洛尔施等人、《联合租赁》专著以及迈克尔·尼兰等人提供的材料，本章的内容还参考了对尼兰、詹妮·布里特尔和杰夫·芬顿的采访。

第五章　创新实践：以柳溪社区教会为例

1. 关于柳溪社区教会发展的这些方面在雷奥纳多·施莱辛格和吉姆·梅拉多的专著中有描述。本章中关于柳溪协会的内容，我借鉴了专著中的内容以及对比尔·希贝尔斯和吉姆·梅拉多的访谈内容。梅拉多是一个福音派基督徒，后来成为柳溪协会的主席。

2. Schlesinger and Mellado, "Willow Creek Community Church (A)."

3. Ibid.

4. Ibid.

5. Ibid.

6. Ibid.

7. "A Holy Experiment," *Leadership Journal*, September 2014, http:// www.christianitytoday.com/le/2014/september-online-only/holy-experiment.html?start=1.

8. Ibid.

9. Ibid.

10. Peter F. Drucker, "What Business Can Learn from Nonprofits," *Harvard*

Business Review, July–August 1989.

11. Everett M. Rogers, *Diffusion of Innovations*, 5th ed. (New York: Free Press, August 2003).

12. S. Ramadorai, *The TCS Story ... and Beyond* (India: Portfolio–Penguin Books, 2011).

13. Ibid.

14. Ibid.

15. Ibid.

16. Ibid.

第六章　引领创新的6种管理方法

1. 除非另有说明，本章的材料均基于对马恒达集团董事长、总经理阿南德·马欣德拉和马恒达集团分管汽车和农场设备业务的总裁帕万·戈恩卡的采访内容。

2. “Commencement Address by Shri Anand Mahindra, Chairman and Managing Director, Mahindra & Mahindra,” IIMA’s 49th Annual Convocation, March 22, 2014, http://www.iimahd.ernet.in/assets/upload/events/1528538676ChiefGuest-2014.pdf.

3. 马恒达制造公司（M&M）的股票价格低于股票指数。投资者不再相信 M&M 是一家蓝筹股公司。2002 年 1 月，孟买证券交易所将 M&M 从 Sensex 指数（孟买敏感 30 指数）的领头羊名单中剔除。

4. Tarun Khanna, Rajiv Lal, and Merlina Manocaran, “Mahindra &

Mahindra: Creating Scorpio," Case 705-478 (Boston: Harvard Business School Publishing, February 2005), 6.

5. Ibid.

6. Ketan Thakkar, "What Makes the Mahindra & Mahindra Cult Brand Scorpio Click," *Economic Times*, June 17, 2012.

7. Khanna et al., "Mahindra & Mahindra: Creating Scorpio," 8.

8. Ibid., 9.

9. Ibid., 9.

10. Ibid.

11. *Business Standard Motoring*, BBC World *Wheels*, and CNBC/Autocar all named the Scorpio 2003 "Car of the Year."

12. N. Madhavan, "How Mahindra & Mahindra Came to Dominate the Indian Automotive Industry," *Forbes India*, December 12, 2014.

13. Ibid.

14. Ibid.

15. Ibid.

16. 这个例子表明，无法控制的马带来的并不都是不幸。由于其无法控制，在偶然情况下，天蝎座项目为马恒达制造公司提供了许多既熟练又珍惜工作的供应商。马恒达制造公司能够通过提供独一无二的合作伙伴关系，最大限度地挖掘其可用性。

17. 公司的核心目标是："我们将挑战传统思维，创新利用我们所有的资源，推动全球利益相关者和社会生活发生积极变化，促进他们实现发展。"

参考文献

1. Anthony, Scott D., Mark W. Johnson, Joseph V. Sinfield, and Elizabeth J. Altman. *The Innovator's Guide to Growth: Putting Disruptive Innovation to Work.* Boston: Harvard Business Press, 2008.
2. Brown, Shona L., and Kathleen M. Eisenhardt. *Competing on the Edge. Boston:* Harvard Business School Press, 1998.
3. Christensen, Clayton M. The *Innovator's Dilemma.* Boston: Harvard Business Review Press, 1997.
4. Govindarajan, Vijay. "Designing a $300 House."*Harvard Business Review*, January-February 2011.
5. Govindarajan, Vijay. "A Reverse-Innovation Playbook."*Harvard Business Review*, April 2012.
6. Govindarajan, Vijay, and Ravi Ramamurti."Delivering World-Class Health Care, Affordably."*Harvard Business Review*, November 2013.
7. Govindarajan, Vijay, and Chris Trimble. "Building Breakthrough Businesses Within Established Organizations." *Harvard Business Review*, May 2005.
8. Govindarajan, Vijay, and Chris Trimble.*Ten Rules for Strategic Innovators*:

From Idea to Execution. Boston: Harvard Business Review Press, 2005.

9. Govindarajan, Vijay, and Chris Trimble.The Other Side of Innovation: Solving the *Execution Challenge*. Boston: Harvard Business Review Press, 2010.

10. Govindarajan, Vijay, and Chris Trimble. “Stop the Innovation Wars.” *Harvard Business Review*, July-August 2010.

11. Govindarajan, Vijay, and Chris Trimble.“The CEO’s Role in Business Model Reinvention.”*Harvard Business Review*, January-February 2011.

12. Govindarajan, Vijay, and Chris Trimble. *Reverse Innovation: Create Far from Home, Win Everywhere*. Boston: Harvard Business Review Press, 2012.

13. Hamel, Gary, and C. K. Prahalad. *Competing for the Future*. Boston: Harvard Business School Press, 1996.

14. Immelt, Jeffrey R., Vijay Govindarajan, and Chris Trimble. “How GE Is Disrupting Itself.” *Harvard Business Review*, October 2009.

15. Kim, W. Chan, and Renée Mauborgne. *Blue Ocean Strategy*. Boston: Harvard Business School Press, 2005.

16. McGrath, Rita Gunther. *The End of Competitive Advantage*. Boston: Harvard Business Review Press, 2013.

17. Tushman, Michael L., and Charles A. OReilly III. *Winning Through Innovation*. Boston: Harvard Business School Press, 2002.

18. Winter, Amos, Vijay, and Govindarajan.“Engineering Reverse Innovations.”*Harvard Business Review*, July-August 2015.

致　谢

没有人能独自生活和工作。在过去 35 年中，我有幸向 50 多万名高级管理人员介绍了“三盒”解决方案的想法。我很感谢他们在塑造和改进我的思想方面给予的帮助。这本书就像是我们共同完成的一样。

我还要感谢我的家人。科斯，既是我的妻子，也是我最好的朋友，既是我最敏锐的批评家，也是我最有力的辩护人。她的爱带给了我美好，也帮助我渡过难关。还有我的女儿塔鲁尼亚和帕斯，她们是我对未来的希望。她们阅读我的手稿，以非凡的效率和耐心完成了这项任务。我姐姐巴马是我众多兄弟姐妹中唯一对我有求必应的。我深深地感激我的家人对我的善意、宽容及爱。没有他们的鼓舞和支持，这么多时间的投入也未必能结出果实。

哈佛商业评论出版社的梅琳达 · 美利努是我这本书的编辑，也是我最好的顾问、盟友兼朋友。我也很幸运邀请到了《哈佛商业评论》的特约编辑列弗 · 麦克里里帮忙起草了这本书。列弗巧妙的写作技巧赋予了本书风格、创意、魅力、智慧和活力，远远超出了我可以取得的成果。说实话，没有这两个人，这本书就不会这么好，我衷心地感谢他们。

最后，我感谢你能读完我的书。我希望你能利用“三盒”解决方案中的创新观点，在打造未来的同时，保持现有业务的优势。